ZS

München
1. Auflage 2008
ISBN 978-3-89883-191-8

Grafische Gestaltung Barbara Markwitz
Rezeptfotos Uwe Bender & Giorgio Scarlini
(andere Fotos siehe Bildnachweis)
Redaktion Eva-Maria Hege
Herstellung Karin Mayer, Peter Karg-Cordes
Lithografie Christine Rühmer
Druck & Bindung L.E.G.O., Vicenza

Besuchen Sie uns auch im Internet unter www.zsverlag.de

Nicola Sautter

Wellcook

Essen Sie sich satt, schlank und gesund

ZABERT SANDMANN

Inhalt

Wellcook – täglich mit gutem Gewissen genießen

Liebe Leserin, lieber Leser!

Die positive Resonanz vieler von Ihnen hat mich darin bestätigt, dass mein Welleat-Konzept den Nerv der Zeit getroffen hat. Mittlerweile ist es wohl unumstritten, dass es einen direkten Zusammenhang zwischen Ernährung, Wohlbefinden und Gesundheit gibt. Was mein Konzept von allen anderen unterscheidet: Mir ist es wichtig, Ihnen zu zeigen, dass man sich durchaus satt essen darf, um schlank, glücklich und leistungsfähig zu sein. Es kommt nur auf die richtige Kombination der Lebensmittel an!

Damit es nicht nur bei der »grauen« Theorie bleibt, soll Ihnen dieses Buch nun Vorschläge zur praktischen Umsetzung bieten. Hier finden Sie meine Lieblingsrezepte, mit denen man mein Welleat-Konzept ganz leicht in den Alltag integrieren kann. Es sind allesamt Gerichte, die selbst Kochanfänger leicht nachvollziehen können und die meist auch in maximal 20 Minuten auf dem Tisch stehen. Außerdem entsprechen sie natürlich ganz meinem Ernährungsprinzip. Das heißt, sie enthalten den richtigen Mix aus guten Kohlenhydraten, Eiweißen und Fetten. Diese Nährstoffkombination brauchen wir, denn Kohlenhydrate sind der »Brennstoff« für sämtliche körperliche und geistige Leistung, Eiweiße unterstützen die Fettverbrennung und sind Bausteine jeder Körperzelle, und Fette können als wahre Allroundtalente z. B. Energie speichern und die Nerven schützen.

Wer sich nach den Wellcook-Rezepten ernährt, muss keine Kalorien zählen. Entscheidend ist vielmehr, dass wir Lebensmittel verwenden, die der Körper so verwertet, dass wir lange und kontinuierlich mit allen wichtigen Nährstoffen versorgt werden. Das Gute daran: Auf diese Weise bleibt der Blutzuckerspiegel relativ konstant – und damit verschwinden Heißhungerattacken und die Lust auf Süßes! Man fühlt sich fit und rundum wohl in seiner Haut!

Wellcook ist ideal für alle, die lästige Pfunde loswerden wollen. Es bietet aber auch perfekte Lösungen für all jene, die ihr Gewicht halten und sich gesund und ausgewogen ernähren möchten. Der Spaß am Kochen kommt von ganz allein: Die Rezepte sind so abwechslungsreich, dass bestimmt keine Langeweile aufkommt. Sie sind mehrfach erprobt und gelingen deshalb garantiert – so werden Sie sicherlich Lob von Ihrer Familie und Ihren Gästen einheimsen. Und noch mehr Spaß macht es, wenn sich dann die ersten Erfolge einstellen: Wenn Sie an Gewicht verlieren und doch immer satt sind, wenn Sie sich besser konzentrieren können, ausgeglichener und zufrieden, fit und gesund sind – mit anderen Worten: sich wie neugeboren fühlen.

Ich wünsche Ihnen viel Erfolg und Spaß beim Kochen – und jede Menge Genuss ohne Reue!

Herzlichst, Ihre

Nicola Sautter

WISSENSWERTES ÜBER KOHLENHYDRATE

Kohlenhydrate sind als Zucker oder Stärke (das sind lange Ketten aus Zuckermolekülen) in unseren Lebensmitteln enthalten. Kohlenhydrate sind wichtig für den Körper, da sie die nötige Energie bereitstellen, die unser Gehirn und unsere Muskeln auf Trab hält. Alle Kohlenhydrate werden beim Verdauen in ihre Grundbausteine, die Einfachzucker, zerlegt. Je nach ihrem molekularen Aufbau geschieht dies bei manchen Kohlenhydraten sofort beim Verzehr, bei anderen erst in der Leber. Diese Grundbausteine finden sich in unserer Nahrung in dreierlei Form:

1. Glukose (besser bekannt als Traubenzucker) kommt in Getreide, Brot, Teigwaren, Gemüse und Stärke vor.
2. Fruktose kommt im Obst als Fruchtzucker vor.
3. Galaktose ist Bestandteil des Milchzuckers und findet sich in Milch und Milchprodukten.

Besonders viele Kohlenhydrate enthalten:

- alle Getreidesorten sowie deren Produkte (Brot, Gebäck, Nudeln, Reiswaffeln usw.)
- Gemüse und Kartoffeln
- Obst
- Hülsenfrüchte
- Zucker in all seinen Formen (weiß, braun usw.)
- Süßungsmittel, Honig, Ahornsirup usw.
- alle süßen Getränke (wie z. B. Cola und Apfelsaftschorle)
- jeder Alkohol
- alle Süßigkeiten

Wenn wir zu viele Kohlenhydrate essen, können überschüssige Kohlenhydrate nicht mehr richtig verstoffwechselt werden und werden vom Insulin – das ist das Hormon, das für die Regulierung des Blutzuckerspiegels verantwortlich ist – in die Fettdepots eingelagert.

Wir müssen Kohlenhydrate vor allem deshalb essen, damit unser Gehirn auf Hochtouren läuft. Um es kontinuierlich mit Zucker zu versorgen und Versorgungseinbrüche gar nicht erst auftreten zu lassen, müssen wir vor allem gute Kohlenhydrate zu uns nehmen. Denn diese spenden wertvolle Energie, schlechte Kohlenhydrate hingegen machen uns müde, dick und krank. Aber wie trennt man gute von schlechten Kohlenhydraten? Mithilfe des Blutzuckerindex: Der Blutzuckerindex bezeichnet die Aufnahmegeschwindigkeit der Kohlenhydrate in den Blutkreislauf, also wie schnell oder langsam die Kohlenhydrate in Einfachzucker zerlegt werden und dann in den Blutkreislauf gelangen.

Gute Kohlenhydrate haben einen niedrigen Blutzuckerindex. Sie werden daher nur langsam zu einfachem Zucker verstoffwechselt und gelangen daher auch nur langsam ins Blut. Daraus resultiert ein geringer Anstieg des Blutzuckerspiegels, bzw. der Spiegel bleibt konstant, weshalb wiederum nur wenig Insulin ausgeschüttet wird. Gute Kohlenhydrate sind in Obst, Gemüse, Salat, Kräutern und Hülsenfrüchten enthalten. Auch Vollkornbrot kann man in Maßen essen.

Schlechte Kohlenhydrate haben einen hohen Blutzuckerindex. Der Zucker gelangt somit extrem schnell ins Blut, was den Blutzuckerspiegel sprunghaft ansteigen lässt und eine massive Insulinausschüttung zur Folge hat – und das führt langfristig zu den oben geschilderten Symptomen. Zu den schlechten Kohlenhydraten gehören Chips, Pommes und Kroketten. Aber auch raffiniertes Getreide und alle Produkte, die daraus hergestellt werden (Brot, Nudeln, Kuchen usw.), geschälter Reis, Kartoffeln, Trockenobst, Fruchtsäfte und Alkohol zählen dazu.

Kohlenhydrate – pure Energie

Gute Kohlenhydrate: das A und O

Um eine ausreichende und kontinuierliche Versorgung des Körpers mit guten Kohlenhydraten zu gewährleisten, sollten Sie vor allem folgende Lebensmittel häufig – am besten täglich – auf Ihren Teller bringen:

1. Hülsenfrüchte

Ob Kichererbsen, Linsen, Erbsen oder Bohnen: Welche Hülsenfrüchte Sie zu Ihrer Lieblingssorte auswählen, ist quasi egal, denn sie alle zeichnen sich durch einen hohen Gehalt an Kohlenhydraten, Ballaststoffen und wertvollem Eiweiß aus. Deshalb schmecken Hülsenfrüchte nicht nur köstlich, sondern machen auch lange satt und (aufgrund einer mäßigen Insulinausschüttung während der Verdauung) auch nicht dick. Außerdem versorgen sie uns mit zahlreichen Vitaminen und Mineralstoffen. Aus diesem Grund eignen sich Hülsenfrüchte hervorragend als Begleiter für gute Eiweißlieferanten (Fisch, Fleisch und Tofu, siehe S. 10/11).

2. Vollkornprodukte und -mehl

Was macht den Vorteil von Vollkornprodukten aus? Sie werden aus naturbelassenem Getreide hergestellt und enthalten so noch alle wertvollen Inhaltsstoffe des vollen Korns – vor allem Kohlenhydrate in Form von Stärke und reichlich Faseranteile, die sogenannten Ballaststoffe. Je höher der Faseranteil, desto langsamer geht der abgebaute Zucker ins Blut. Außerdem sind Vollkornprodukte reich an stoffwechselaktiven Vitaminen und knochen- und muskelstärkenden Mineralstoffen. Mein Favorit ist übrigens das »Essener Brot«; es ist das einzig gekeimte Vollkornbrot, d. h., dass ein Teil der Kohlenhydrate durch den Keimungsprozess bereits in hochwertiges Eiweiß umgewandelt wurde. Man bekommt es im Bioladen oder beim Ökobäcker. Ansonsten können Sie jedes Vollkornbrot essen, solange es tatsächlich zu 100 % aus Vollkorn besteht. Bitte fragen Sie gezielt in Ihrer Bäckerei nach, denn es ist erlaubt, ein Brot als Vollkornbrot zu deklarieren, auch wenn es Weißmehl enthält. Wer noch nie Vollkornmehl verwendet hat, sondern bislang nur das gängige Weizenmehl Type 405 kennt, dem empfehle ich, einmal das Mehl Type 1050 auszuprobieren. Das ist nicht so stark ausgemahlen, aber auch nicht so »kernig« wie reines Vollkornmehl.

3. Obst, Gemüse und Salat

Obst ist in seiner natürlichen Form Fruchtsäften immer vorzuziehen, da Obstsäften die Faserstoffe fehlen, sie deshalb sofort in Zucker umgewandelt werden und ungebremst ins Blut rauschen. Auch Gemüse sollte in seiner ganzen farblichen Pracht und Bandbreite Ihren täglichen Speiseplan bereichern. Die kalorienarmen Vitamin- und Mineralstoffbomben sind gegart die idealen Beilagen zu eiweißreichen Hauptgerichten, schmecken aber auch zwischendurch als Rohkost geknabbert oder als Zutat in vielen Salaten. Guten Gewissens können Sie bei allen Salaten zugreifen. Diese werden in Verbindung mit fettarmen Eiweißlieferanten wie Fisch oder Tofu und einer leckeren Vinaigrette zu einer gesunden Vorspeise, Beilage oder sogar vollwertigen Mahlzeit – so lange sie nicht abends gegessen werden, denn das belastet die Verdauung zu sehr (siehe S. 16). Idealerweise sollten Sie beim Obst-, Gemüse- und Salatkauf heimische, saisonale (Bio-)Produkte wählen, weil diese reif geerntet werden und nicht auf langen Transportwegen noch »nachreifen« müssen. So schmecken sie viel intensiver und enthalten auch noch den Großteil ihrer Nährstoffe und Vitamine.

WISSENSWERTES ÜBER EIWEISSE

In unserem Körper kommt Eiweiß (Protein) in größeren Mengen vor als jede andere Substanz – abgesehen von Wasser. Die Hälfte der Körpertrockenmasse besteht aus Eiweiß; dazu zählen Muskeln, Haut, Haare, Augen und Nägel. Daneben sind Eiweiße Bestandteile von Hormonen und Antikörpern. Keine andere Nährstoffgruppe stellt so viele lebenswichtige Stoffe her wie sie!

Was genau sind Proteine?

Protein ist eine Sammelbezeichnung für die in der Natur vorkommenden Vielfalt an Eiweißen, die wiederum auf verschiedenste Weise aus Ketten von Aminosäuren gebildet werden. Aminosäuren sind also die Eiweißbausteine. Als Kettenmitglieder stehen 20 verschiedene Aminosäuren zur Verfügung. Die Reihenfolge dieser entscheidet darüber, ob das Protein als Hormon, Enzym oder als Fingernagel zum Einsatz kommt. Die Baupläne für die einzelnen Eiweiße sind in unserer Erbsubstanz festgelegt.

Leicht und schwer verwertbare Eiweiße

Als qualitativ hochwertig gelten solche Proteine, die besonders viele essenzielle Aminosäuren haben. Dabei schneiden tierische Eiweiße und Soja beträchtlich besser ab als pflanzliche Eiweiße, denn diese werden aufgrund der ebenfalls in den pflanzlichen Lebensmitteln enthaltenen Faserstoffe (Ballaststoffe) wesentlich uneffektiver verdaut. Deshalb müssen Vegetarier letztlich eine größere Menge an Eiweißen zu sich nehmen, um ihren täglichen Bedarf zu decken. Trotzdem dürfen Getreide, Hülsenfrüchte und Co. nicht im Speiseplan fehlen, denn sie enthalten zwar insgesamt weniger Eiweiß, dafür aber kaum Fett und kein Cholesterin, und sie liefern gute Kohlenhydrate (siehe S. 8/9). Vorsicht ist leider manchmal beim Genuss von Milchprodukten geboten: So leiden viele Menschen an einer Milcheiweiß-Unverträglichkeit, ohne es zu wissen. Als Symptome dafür gelten z. B. Bauchschmerzen, Blähungen, Unwohlsein und Müdigkeit. In diesem Fall sind Sojaprodukte der beste Ersatz (siehe rechts).

Nicht zu viel und nicht zu wenig Eiweiß

Um einem Mangel vorzubeugen, müssen wir unserem Körper täglich eine gewisse Menge an (den richtigen) Eiweißen zuführen. Tun wir das nicht, hat das fatale Folgen: Der Körper holt sich das fehlende Eiweiß aus den Muskeln und füllt die Lücken mit Fett auf – wir verfetten. Beim Abbau von Eiweiß im Körper wird außerdem das Hormon Glukagon ausgeschüttet, der Gegenspieler des Insulins. Essen wir nun zu wenig Eiweiß, haben wir automatisch einen erhöhten Insulinspiegel. Langfristig kommt es so zu negativen Auswirkungen wie Gewichtszunahme und Diabetes. Aber nicht nur die Menge, auch die Qualität der Eiweiße spielt eine entscheidende Rolle: So sollten Sie bei jeder Mahlzeit gute, leicht verwertbare Eiweißlieferanten zu den Kohlenhydraten kombinieren, um Insulin und Glukagon im Gleichgewicht und dadurch den Blutzuckerspiegel konstant zu halten.

Gute Eiweißlieferanten sind mageres Geflügel (ohne Haut, diese ist relativ fett) und Fleisch, magerer Schinken sowie Fisch (z. B. Lachs und Thunfisch). Daneben liefern Eier, fettarme Milchprodukte und Sojaprodukte wertvolles Eiweiß.

Schlechte Eiweißlieferanten sind fettes rotes Fleisch, Innereien und Wurst. Sie enthalten zwar Eiweiß, daneben aber auch viel und oft gesättigtes Fett (siehe S. 12). Diese Lebensmittel sollten Sie nur selten essen.

Eiweiße – die Bausteine des Lebens

Welche Eiweiße sind wertvoll?

Wie bereits erwähnt, ist es von entscheidender Bedeutung, welche Eiweiße wir unserem Körper mit der Nahrung zuführen. Folgende Eiweißlieferanten gehören zu meinen Favoriten, denn sie schmecken nicht nur gut, sondern tragen auch wesentlich dazu bei, dass wir uns gesund und fit fühlen.

1. Fisch

Munter wie ein Fisch im Wasser – wer möchte sich nicht so fühlen? Einen ersten Schritt in diese Richtung machen Sie, wenn Sie zwei- bis dreimal pro Woche Fisch auf den Tisch zu bringen. Dabei gilt die Devise: Je fetter, desto besser, da fetter Fisch wie Lachs, Makrele und Thunfisch uns neben hochwertigem Eiweiß mit den wertvollen Omega-3-Fettsäuren versorgt (siehe S. 12).

2. Fleisch

Fleisch ist besser als sein Ruf! Denn es kann ein wertvolles Lebensmittel sein, wenn man Folgendes beachtet: Anders als beim Fisch sollten Sie vor allem fettarmes Fleisch regelmäßig in Ihren Speiseplan einbauen. Dieses ist reich an Eiweiß, wird vom Körper leicht aufgenommen und bildet kaum Säuren. Zu den wichtigsten Vertretern zählen Hähnchen und Pute, deren zartes Fleisch zudem ein hervorragender Lieferant für Eisen, Magnesium, Zink und B-Vitamine ist. Aber auch Lamm- oder Rinderfilet dürfen Sie ab und zu genießen. Und letztlich kommt es immer auf die Mengen an, in denen Sie Fleisch zu sich nehmen. Es gilt: regelmäßiger, aber mäßiger Genuss. Drei- bis viermal pro Woche dürfen Sie Fleisch ruhig essen. Als Faustformel für die Fleischmenge pro Person und Mahlzeit sollten Sie sich merken: Männer 130 bis 160 g, Frauen 120 bis 140 g und Kinder bis 100 g. Oder noch einfacher: Die eigene Handfläche in Größe und Dicke entspricht der Menge an Fleisch, die bei einer Mahlzeit verstoffwechselt werden kann. Und wenn Sie noch ab und zu heimisches Biofleisch essen, tun Sie nicht nur Ihrem Körper etwas Gutes, sondern leisten auch einen ökologischen Beitrag. Weniger günstig hingegen sind fettreiches rotes Fleisch sowie gepökelte Fleisch- und Wurstwaren. Letztere enthalten Nitritsalz, aus dem im Körper krebserregende Nitrosamine gebildet werden. Generell sollten Sie bei Wurstwaren kritisch hinschauen, denn diese enthalten oft sehr viel Fett, das auf den ersten Blick gar nicht sichtbar ist.

3. Milchprodukte

Auch Milchprodukte sollten Sie täglich essen, denn diese sind sehr gute Eiweißlieferanten und versorgen uns zudem mit reichlich Kalzium, das unsere Knochen festigt. Kaufen Sie am besten fettarme Bioprodukte. Besonders zu empfehlen sind fermentierte Produkte wie Joghurt oder Buttermilch: Sie enthalten Bakterien, die für eine gesunde Darmflora sorgen.

4. Sojaprodukte

Die Sojabohne ist eine wahre Schatzkammer voller wertvoller Inhaltsstoffe: Beachtlich ist vor allem ihr hoher Anteil an hochwertigem Eiweiß, aber auch ihr Kalziumgehalt kann sich sehen lassen. Das macht die aus ihr hergestellten Produkte zu einem idealen Ersatz für alle, die keine Kuhmilch vertragen. Zu der breiten Palette an Sojaprodukten zählen Milch, Joghurt, Pudding, Sahne, Tofu und Tempeh (vgl. auch S. 60). Und nicht zuletzt aufgrund seiner guten Verdaulichkeit findet Soja immer mehr neue Anhänger. Achtung, Männer: Sie sollten Sojaprodukte nur in Maßen essen, denn die enthaltenen Phytoöstrogene können den Testosteronspiegel um 70 % reduzieren.

WISSENSWERTES ÜBER FETTE

Fett ist in unserem Körper der beste Energiespeicher. Fett hält warm und unsere inneren Organe an ihrem Platz. Fett wirkt als Schutzpolster, z. B. an Ferse und Gesäß, und lässt uns in Notzeiten überleben. Zellmembranen werden aus Fett gebildet. Fett ist der wichtigste Baustein des Gehirns und der Nerven und ist für die Bildung guter Eicosanoide verantwortlich. Das sind Gewebshormone, die dafür sorgen, dass wir gesund und schlank bleiben.

Fett ist nicht gleich Fett

Unsere Nahrungsfette bestehen zu 95 % aus Fettsäuren. Es gibt drei Arten von Fettsäuren:

1. Gesättigte Fettsäuren sind Säuren, die mit Wasserstoff gesättigt sind. Sie sind träge, gehen keine Verbindung ein und landen als Pölsterchen auf den Hüften. Gesättigte Fette sind bei Zimmertemperatur gehärtet und finden sich vor allem in tierischen Lebensmitteln (z. B. Butter, fetter Käse und Wurst).
2. Einfach ungesättigte Fettsäuren enthalten chemisch gesehen eine Doppelbindung. Das macht sie beweglicher und bewirkt, dass sie bei Zimmertemperatur flüssig sind. Sie findet man in größeren Mengen z. B. in Olivenöl.
3. Mehrfach ungesättigte Fettsäuren haben mehrere Doppelbindungen, was dazu führt, dass sie immer in flüssiger Form vorliegen. Eine besondere Rolle spielen die essenziellen Fettsäuren. Das sind Fettsäuren, die der Körper für viele Stoffwechselfunktionen benötigt, aber nicht selbst herstellen kann.

Wahre Alleskönner: Omega-3-Fettsäuren

Unverzichtbar für unseren Körper sind vor allem die essenziellen Omega-3-Fettsäuren. Diese mehrfach ungesättigten Fettsäuren leisten in vielerlei Hinsicht wertvolle Dienste:

- Sie machen die Zellmembranen dünn und elastisch, dadurch ist ein optimaler Stoffwechsel gewährleistet.
- Sie reduzieren die Bildung von Arachidonsäure, die zu Entzündungen führt.
- Sie halten unser Gehirn auf Trab.
- Sie sind der Grundbaustein für gute Eicosanoide und machen schlank, glücklich und gesund.

Fette und der Blutzuckerspiegel

Fette haben zwar keine direkte, wohl aber eine indirekte Wirkung auf die Ausschüttung von Insulin und Glukagon, also auf den Blutzuckerspiegel: Gute Fette verlangsamen nämlich die Aufnahme von Kohlenhydraten in den Blutkreislauf. Verzehren wir zu Brot oder anderen Kohlenhydraten Lebensmittel, die gutes Fett liefern (z. B. Avocados oder Olivenöl), können wir dadurch die Aufnahmegeschwindigkeit des Zuckers ins Blut und damit auch die Insulinausschüttung drosseln.

Gute Fette sind all jene, die einfach oder mehrfach ungesättigte Fettsäuren enthalten. In unserer Nahrung kommen sie z. B. in Speiseölen wie Oliven-, Raps- oder Sesamöl sowie in Nüssen und Kernen vor. Gute Fette sorgen für einen optimalen Stoffwechsel – deshalb sollten sie neben guten Kohlenhydraten und Eiweißen Bestandteil jeder Mahlzeit sein.

Schlechte Fette setzen sich vor allem aus gesättigten Fettsäuren zusammen. Sie sind besonders in tierischen Lebensmitteln wie Sahne, Butter, Rahmkäse und fettem rotem Fleisch enthalten. Schlechte Fette behindern den Stoffwechsel und fördern die Bildung schlechter Eicosanoide, die diesen Effekt noch verstärken.

Fette – wahre Multitalente

Fett macht nicht automatisch fett

Lange Zeit war Fett völlig verpönt, man empfahl, es so wenig wie möglich zu verwenden. Fettreduzierte Lebensmittel galten als besonders gesund. Mittlerweile hat die Wissenschaft diesen Irrtum widerlegt. Man schaut nun genauer hin und differenziert die Fette nach ihrem Aufbau und ihren Eigenschaften (siehe links). Sie tun Ihrem Körper etwas Gutes, wenn Sie folgende Fette als feste Größe in Ihre tägliche Ernährung einbauen:

1. Speiseöle und -fette

Ebenso wie ein Auto Motoröl benötigt, so braucht unser Körper bestimmte »Schmierstoffe«, um optimal zu funktionieren. Allerdings ist nicht jedes Speiseöl oder -fett empfehlenswert. Sie sollten darauf achten, dass die von Ihnen ausgewählten Produkte einen hohen Anteil an guten (d. h. einfach und mehrfach ungesättigten) Fettsäuren haben. Zu den hochwertigen Vertretern gehören vor allem Oliven- und Rapsöl, aber auch Kokosfett, sofern man es in Bioqualität kauft. Letzteres verwende ich besonders gern zum Backen und Braten – aber natürlich können auch andere Fette und Öle hoch erhitzt werden. Dabei ist jedoch generell Vorsicht geboten: Jedes Öl hat einen sogenannten Rauchpunkt, das ist die Temperatur, bei der es beim Erhitzen zu rauchen beginnt. Diese sollte auf keinen Fall überschritten werden, da sonst gesundheitsschädliche Stoffe entstehen. Zu meinen Favoriten zählt außerdem Sesamöl, weil es nicht nur gesund und mild im Geschmack ist, sondern auch kaum ranzig wird. Bei der Herstellung von Speiseölen gibt es unterschiedliche Verfahren. Es lohnt sich, die (meist etwas teureren) kaltgepressten Öle zu bevorzugen, denn sie enthalten noch alle wertvollen Inhaltsstoffe und Aromen.

2. Nüsse und Kerne

Seit einigen Jahren erleben Nüsse und Kerne zu Recht einen regelrechten Boom – inzwischen ist nämlich wissenschaftlich belegt, dass es gerade das Fett der kleinen Kraftbomben ist, das wahre Wunder in unserem Körper bewirken kann: So sind Nüsse und Kerne dank der reichlich enthaltenen ungesättigten Fettsäuren Schutzpanzer für unsere Nerven und bringen unser Gehirn auf Trab. Einen positiven Einfluss haben einige auch auf das Herz, zudem halten sie die Blutfettwerte und das Cholesterin im Lot. Meine kernigen Lieblinge für Müsli sind Mandeln und Walnüsse. Sie besitzen beide eine wertvolle Kombination aus guten Fetten und Eiweißen: ideal für einen perfekten Start in den Tag. Und auch wenn man zwischendurch ein Konzentrationstief überbrücken will, sind eine Handvoll Nüsse und Kerne der beste Snack.

Basics der Wellcook-Küche

Es gibt Dinge im Leben, auf die man einfach nicht verzichten möchte, weil sie das Leben schöner machen. Diese Einstellung lässt sich auch auf das Kochen nach dem Welleat-Prinzip übertragen: Manche Zutaten und Gewürze sind für die Wellcook-Küche so essenziell, dass sie einen Platz auf der Top-Ten-Liste der wichtigsten Lebensmittel verdient haben. Sei es, weil sie dank ihres Gehalts an Vitalstoffen eine positive Wirkung auf den Körper haben, den Gerichten auf natürliche Weise eine raffinierte Note verleihen oder einfach köstlich schmecken und ganz nebenbei noch einen Beitrag zur Gesundheit leisten.

AVOCADO

Ganz zu Unrecht war die Avocado jahrelang als zu fett verpönt, enthält sie doch wertvolle mehrfach ungesättigte Fettsäuren, die wichtig für Stoffwechsel, Zellwände und letztendlich die Gesundheit sind. Aus demselben Grund sollten auch Nüsse, Kerne und gute Öle so oft wie möglich auf den Tisch kommen.

SOJASAHNE

Die pflanzliche Sahne überzeugt im Gegensatz zur Schlagsahne mit einem geringeren Fettgehalt von etwa 17 % (davon über 80 % ungesättigte Fettsäuren) sowie null Cholesterin. Im Vergleich dazu: 100 g Sahne aus Kuhmilch enthalten rund 32 g Fett (größtenteils gesättigte Fettsäuren) sowie 102 mg Cholesterin.

WÜRZWÜRFEL

Diese Würfel stecken randvoll mit Kräutern und deren Geschmack und sind ideal für die schnelle Küche. Wichtig ist, dass die Würfel kein Glutamat, künstliche Aromen oder Zusatzstoffe enthalten, denn diese steigern das Hungergefühl. Wer frische Kräuter zur Hand hat, kann natürlich diese verwenden.

REISSIRUP

Der Sirup, der aus dem vollen Reiskorn gewonnen wird, lässt dank seiner komplexen Kohlenhydrate den Blutzuckerspiegel kaum steigen. Er ist daher ein ideales Süßungsmittel beim Abnehmen, aber auch für Kinder. Er süßt etwas schwächer als Zucker und eignet sich zum Kochen, Backen und für Desserts.

UME SU

Die japanische Würzsauce ist eine wunderbare Alternative zu Salz. Um sie herzustellen, wird die Ume-Frucht (eine Gattung zwischen Aprikose und Pflaume) 1 Jahr in salzige Lake eingelegt. Ume Su würzt Saucen, Dips und viele Gerichte. Es wirkt im Körper basisch, weil es alle wichtigen Mineralien enthält.

ROHRZUCKER

Der braune Rohrzucker wird im Gegensatz zu weißem Zucker nicht raffiniert. Deshalb enthält er noch alle ursprünglichen Mineralien, die nötig sind, um den Zucker im Körper vollständig zu verstoffwechseln. Daher ist Rohrzucker kein Mineralienräuber. Er eignet sich vor allem zum Backen und für Süßspeisen.

REISMILCH

oder auch Sojamilch sind die Alternativen, wenn man keine Kuhmilch verträgt. Warnsignale für eine Unverträglichkeit können Blähungen, Antriebsschwäche am Morgen, Kopfschmerzen, Verdauungsprobleme und Infektanfälligkeit sein. Reismilch ist fettarm und ein guter Eiweißlieferant.

SESAMÖL

Das leicht süßliche Öl ist fast geruchlos und hat aufgrund seines hohen Gehalts an Antioxidanzien eine lange Haltbarkeit. Es eignet sich gut zum Braten, allerdings gilt wie bei allen anderen Ölen auch hier: Es darf beim Erhitzen nicht zu rauchen anfangen, sonst verbrennt es und bildet giftige Transfette.

GETREIDE

Amarant, Couscous, Hirse und Polenta (Maisgrieß) – das sind exotische Getreidesorten, die bei uns leider immer noch ein Schattendasein fristen. Dabei versorgen sie uns bestens mit Aminosäuren, Vitaminen und Mineralien und sind so wertvolle Beilagen oder köstliche Hauptzutat.

HÜLSENFRÜCHTE

Sie sind fast in Vergessenheit geraten, dabei sind sie so lecker und gesund: Kichererbsen, Erbsen, Linsen, Bohnen & Co. Hülsenfrüchte machen dank ihres hohen Gehalts an Ballaststoffen lang anhaltend satt. Daneben liefern sie reichlich Kohlenhydrate, Vitamine – vor allem der B-Gruppe – sowie Mineralstoffe.

Fahrplan durch das Buch

Satt, schlank und gesund – so einfach geht's:

Die Wellcook-Rezepte sind so konzipiert, dass sie eine ausgewogene Zusammensetzung aus guten Kohlenhydraten, Eiweißen und Fetten bieten. Sie sättigen daher lang anhaltend, ohne müde zu machen, und sind bestens für eine abwechslungsreiche und gesunde Jeden-Tag-Küche geeignet. Mit den Wellcook-Rezepten kann man sich aber nicht nur gesund ernähren, sie sind auch ideal für alle, die ein paar (oder auch mehrere) lästige Pfunde verlieren möchten. Als Anregung und Unterstützung für alle, die nach dem Welleat-Konzept abnehmen wollen, gibt es einen 7-Tage-Plan mit Rezeptvorschlägen (siehe rechts). Ansonsten sollten Sie folgende Grundregeln beachten – dann purzeln die Kilos fast von allein:

- Halten Sie sich genau an die Mengenangaben der Grundrezepte.
- Essen Sie vor jedem Mittagessen einen gemischten Blattsalat mit einer Vinaigrette Ihrer Wahl. Vorschläge für Vinaigrettes gibt es auf S. 46/47.
- Wenn Sie keinen Salat möchten bzw. der Salat schon Bestandteil des Hauptgerichts ist, dann können Sie auch einen Teller Gemüsesuppe (siehe S. 38, dann aber ohne Würstchen) essen. Diese lässt sich gut vorkochen und kann im Kühlschrank bis zu 5 Tage aufbewahrt werden.
- Die im 7-Tage-Plan angegebenen Zwischensnacks können gelegentlich auch als Nachtisch verzehrt werden – dann gibt es natürlich im Laufe des Tages keinen Snack mehr.
- Essen Sie abends weder Salat noch Rohkost, denn diese Lebensmittel werden vor dem Schlafengehen nicht mehr ausreichend verdaut und fangen dann über Nacht im Darm an zu gären. Dadurch bilden sich Gase und Säuren, die erstens unsere Organe belasten und zweitens in Fett umgewandelt werden.
- Es ist wichtig, ausreichend zu trinken: Idealerweise sollten es mindestens 3 l stilles Wasser pro Tag sein. Entscheidend ist aber auch der richtige Zeitpunkt: Nehmen Sie etwa 15 Minuten vor jeder Mahlzeit 1/4 bis 1/2 l Wasser zu sich, dann erst wieder 30 Minuten nach dem Essen. Zum Essen selbst sollten Sie nichts trinken – sonst wird die Magensäure verdünnt und die Verdauung läuft nicht mehr auf Hochtouren. Neben Wasser sind Bier und Wein in geringer Menge in Ordnung – sie werden als Kohlenhydrate gezählt.
- Bewegen Sie sich mindestens 30 Minuten pro Tag, damit Ihr Stoffwechsel angeregt wird. Gute Sportarten sind Joggen oder schnelles Spazierengehen.

Die Beilagen aus der Rubrik »Dazu passt« können Sie in folgenden Mengen essen:

Jeweils 50 g Reis, Hirse, Polenta (Maisgrieß), Nudeln oder Couscous (ungekocht abgewogen); 2 kleine Kartoffeln, 1 Kloß bzw. 60 g Brot. Für die Zubereitung können Sie sich an folgende Angaben halten:

- Polenta: 4-fache Wassermenge (bei 50 g 200 ml Salzwasser) zum Kochen bringen, die Polenta einrieseln lassen, 2 Minuten unter Rühren kochen und dann 10 Minuten quellen lassen.
- Hirse: 5-fache Wassermenge (bei 50 g 1/4 l Salzwasser) zum Kochen bringen, Schnellkoch-Hirse 15 Minuten, normale Hirse 40 Minuten garen.
- Reis: 2- bis 3-fache Wassermenge (je nach Sorte; bei 50 g 100 bzw. 150 ml Salzwasser) zum Kochen bringen, Reis darin etwa 20 Minuten garen.
- Couscous: 5-fache Wassermenge (bei 50 g 1/4 l Salzwasser) zum Kochen bringen, Couscous einrieseln und 10 Minuten köcheln lassen.

7-Tage-Plan für alle, die abnehmen wollen

1. Tag

Frühstück

1–2 Hüttenkäse-Brote (S. 30)

1 Apfel (oder anderes Obst)

6 Nüsse Ihrer Wahl

Mittagessen

Putensteak mit Ratatouille (S. 110)

Abendessen

140 g gebratenes Lachsfilet mit etwas Sojasahne-sauce (S. 105), dazu so viel gedünsteter Brokkoli, wie Sie wollen

Zwischensnacks

100 g Vanillequark (S. 22) oder 10 Gummibärchen aus Fruchtsaft

2. Tag

Frühstück

Müsli nach Wahl (S. 26)

Mittagessen

Feldsalat mit roten Linsen und Ei (S. 51)

Abendessen

1 Vollkornbrot mit Putenbrust (S. 30)

1/2 Avocado mit Hüttenkäse (S. 29)

Zwischensnacks

Hüttenkäsepudding mit Kirschen (S. 128) oder 5 Stück Bitterschokolade

3. Tag

Frühstück

Rührei nach Wahl (S. 28)

5 Cashewkerne oder Mandeln

1 Scheibe Vollkornbrot (60 g)

Mittagessen

Tofupfanne allerlei (S. 66)

Abendessen

Kichererbsensalat mit 120 g Thunfisch (S. 54)

Zwischensnacks

2 Reiswaffeln mit süßer Tofupaste (S. 32) oder eine Handvoll Nüsse

4. Tag

Frühstück

Brei nach Wahl (S. 24/25)

Mittagessen

Rindereintopf mit gelben Linsen (S. 113)

Abendessen

Avocado nach Wahl (S. 29)

1 Scheibe Vollkornbrot (60 g)

Zwischensnacks

Buntes Obst mit Zimtsauce (S. 20) oder 10 Gummibärchen aus Fruchtsaft

5. Tag

Frühstück

1–2 Scheiben Vollkornbrot (à 60 g) mit 150 g Kräuterquark (S. 33); wer es gern süß mag, nimmt 150 g Magerquark mit Marmelade

1 Apfel (oder anderes Obst)

6 Nüsse Ihrer Wahl

Mittagessen

Vollkorn-Penne mit Pesto-Tofu-Sauce (S. 77)

Abendessen

120 g gebratenes Putenschnitzel mit Möhrengemüse (S. 81; ohne Quark)

Zwischensnacks

Himbeerkefir mit Mandeln (S. 21) oder 5 Stück Bitterschokolade

6. Tag

Frühstück

Fruchtquark nach Wahl (S. 22)

Mittagessen

Thunfisch auf Paprikabett mit Hirse (S. 96)

Abendessen

Sesam-Tofuschnitzel (S. 64; ohne Salat)

1 Scheibe Vollkornbrot (60 g), garniert mit Tomate und Gurke

Zwischensnacks

Rote Grütze mit Vanillejoghurt (S. 124) oder 150 g Obst mit 100 g Hüttenkäse

7. Tag

Frühstück

Tofu-Rührei (S. 28)

1/2 Avocado

Mittagessen

Gemüsepuffer mit Lachs-Kräuterquark (S. 89)

Abendessen

Hähnchensalat mit Spargel (S. 55)

Zwischensnacks

1 Stück Philadelphiatorte (S. 133) oder Kuchen nach Wahl

Frühstück & Snacks

Morgenstund hat Gold im Mund! Die erste Mahlzeit des Tages entscheidet, ob wir uns fit oder schlapp fühlen. Ein perfektes Frühstück sollte lange sättigen, ohne zu belasten, reichlich Energie liefern und auf keinen Fall wieder müde machen. Zu meinen persönlichen Favoriten gehören neben leichten Brotaufstrichen selbst gemachte Fruchtquarks und Müslis. Außerdem schwöre ich auf süßen Getreidebrei zum Frühstück – ungewöhnlich, aber gut!

Buntes Obst mit Zimtsauce

Zutaten für 1 Person

200 g Hüttenkäse

1 TL Zimtpulver

1 EL geschälte Mandeln

300 g gemischtes Obst nach Wahl (z. B. Apfel, Banane, Pfirsich, Weintrauben, Orange)

1 Den Hüttenkäse mit dem Zimt und den Mandeln im Küchenmixer fein pürieren.

2 Das Obst je nach Sorte schälen bzw. waschen, gegebenenfalls entkernen oder entsteinen, in mundgerechte Stücke schneiden und auf einem Teller anrichten.

3 Die Zimtsauce über dem Obst verteilen.

42 g Kohlenhydrate • 30 g Eiweiß • 15 g Fett • 431 kcal / 1801 kJ

Für alle, die's pikant lieben: Kombinieren Sie das frische Obst doch einmal mit Rührei und Avocado – dieser Mix macht satt, fit und schlank! Dafür 2 Eiweiß und 1 Ei mit Meersalz, Schnittlauch und etwas Sojasahne verrühren und in heißem Kokosfett zu einem Rührei braten. 1/2 Avocado mit Zitronensaft beträufeln, Rührei und Avocado mit dem klein geschnittenen Obst anrichten.

Mein Tipp

Kaufen Sie nur biologisches Zimtpulver. Herkömmliches Pulver aus dem Supermarkt kann das gesundheitsschädliche Cumarin enthalten, das zu Kopfschmerzen und Leberproblemen führen kann. Also lieber etwas tiefer in die Tasche greifen und dafür sparsamer dosieren.

Bananenshake mit Erdnuss

Zutaten für 2 Personen

1–2 reife Bananen

500 g Buttermilch

1/2 TL Erdnussbutter (ungesüßt)

1. Die Bananen schälen und in Stücke schneiden.
2. Mit der Buttermilch, der Erdnussbutter und nach Belieben 1 TL Honig im Küchenmixer fein pürieren.
3. Den Bananenshake in dekorativen Gläsern anrichten und nach Belieben mit je 1 Pfefferminzblatt garnieren.

33 g Kohlenhydrate • 10 g Eiweiß • 2 g Fett • 199 kcal / 830 kJ

Statt Buttermilch können Sie genauso gut Kefir, fettarme Milch oder Naturjoghurt verwenden. Probieren Sie den Shake auch einmal mit ungesüßtem Mandel-, Cashew- oder Sesammus.

Mein Tipp

Ich kaufe immer Erdnussbutter ohne Zucker – man bekommt sie im Bioladen oder Drogeriemarkt als »Erdnussbutter pur«. Erdnussbutter enthält hochwertige ungesättigte Fettsäuren, die für unseren Körper lebensnotwendig sind.

Himbeerkefir mit Mandeln

Zutaten für 2 Personen

200 g tiefgekühlte Himbeeren (oder andere Beeren, z. B. Erdbeeren oder Heidelbeeren)

500 g Kefir (oder Buttermilch)

50 g geschälte Mandeln

1. Die Himbeeren leicht antauen lassen.
2. Mit dem Kefir und den Mandeln im Küchenmixer fein pürieren.
3. Den Himbeerkefir in dekorativen Gläsern anrichten und nach Belieben mit gemahlenen Mandeln bestreuen.

15 g Kohlenhydrate • 14 g Eiweiß • 23 g Fett • 338 kcal / 1413 kJ

Vanillequark mit frischen Beeren

Zutaten für 1 Person

200 g Magerquark

4 EL Mineralwasser

1–2 Msp. Vanillemark

150–200 g gemischte Beeren (z. B. Erdbeeren, Heidelbeeren, Himbeeren)

1 EL ungesalzene Erdnüsse

1 Den Magerquark mit dem Mineralwasser in einem Schälchen cremig rühren. Das Vanillemark unterrühren.

2 Die Beeren verlesen, kurz abbrausen und auf Küchenpapier abtropfen lassen. Erdbeeren waschen, putzen und halbieren. Die Erdnüsse nach Belieben grob hacken und mit den Beeren auf dem Vanillequark anrichten.

36 g Kohlenhydrate • 31 g Eiweiß • 6 g Fett • 332 kcal / 1388 kJ

Bananenquark mit Knusperflakes

Zutaten für 1 Person

1 Banane

einige Spritzer Zitronensaft

150 g Magerquark

4–5 EL fettarme Milch

6 EL Dinkelflakes (oder andere zuckerfreie Flakes)

10 Cashewkerne (oder Mandeln)

1 Die Banane schälen, ein paar Scheiben abschneiden und beiseitelegen. Die restliche Banane mit einer Gabel zerdrücken. Das Bananenpüree mit dem Zitronensaft mischen und mit dem Quark in einem Schälchen verrühren.

2 Den Bananenquark mit der Milch cremig rühren und die Dinkelflakes untermischen. Die Cashewkerne nach Belieben grob hacken und mit den Bananenscheiben auf dem Quark anrichten.

53 g Kohlenhydrate • 29 g Eiweiß • 6 g Fett • 393 kcal / 1642 kJ

Mein Tipp

Diese Kombi aus Obst (kohlenhydratreich) und Quark (eiweißreich) nenne ich »happy meal«, denn sie regt die Bildung des Hormons Serotonin an, das uns satt und glücklich macht. Bei Serotoninmangel sind wir müde und übel gelaunt.

Süßer Brei mit Rosinen und Mandeln

Zutaten für 4 Personen

3/4 l fettarme Milch (oder Soja- oder Reismilch)

150 g Getreideflocken nach Wahl (siehe unten)

1 EL Rosinen · 2 EL geschälte Mandeln · 1 EL Sonnenblumenkerne

1/2 TL Zimtpulver · 1/4 TL gemahlener Kardamom

150 g Hüttenkäse (oder Magerquark)

200 g Obst nach Wahl (klein geschnitten)

1 Die Milch in einem Topf erhitzen. Die Flocken einrühren und die Rosinen, Mandeln und Sonnenblumenkerne untermischen. Den Brei etwa 2 Minuten bei mittlerer Hitze köcheln lassen. Mit Zimt, Kardamom und nach Bedarf mit Reissirup abschmecken und leicht abkühlen lassen.

2 Den Brei in Schälchen anrichten und den Hüttenkäse darauf verteilen. Das Obst dazu servieren.

47 g Kohlenhydrate • 17 g Eiweiß • 11 g Fett • 356 kcal / 1489 kJ

Nussbrei: noch zusätzlich 50 g gehackte Nüsse untermischen.
Kokosbrei: noch zusätzlich 50 g Kokosraspel untermischen. Dazu dann am besten Orangen servieren.

Brei – immer wieder anders:
Aus Getreideflocken lässt sich in Windeseile ein leckerer Brei zaubern. Bei den Flocken haben Sie die Qual der Wahl zwischen Reis-, Hafer-, Dinkel-, Gerste-, Amarant-, Quinoa- oder Buchweizenflocken. Diese dann entweder in Kuh-, Soja- oder Reismilch kurz kochen und mit Kardamom und/oder Zimt würzen. Wichtig: Immer eiweißreiche Lebensmittel wie Hüttenkäse oder Quark dazu essen, damit keine Müdigkeit aufkommt.

Mein Tipp

Für viele ist es ungewohnt, morgens Brei zu essen. Probieren Sie es aber einfach mal aus! Ich esse seit Jahren zum Frühstück Brei: Er spendet Energie, macht lange satt und richtig wach. Und für Abwechslung ist auch gesorgt, da man nach Lust und Laune kombinieren kann (siehe links).

Hirsebrei mit Birnenkompott

Zutaten für 4 Personen

1 l fettarme Milch (oder Soja- oder Reismilch)

200 g Schnellkoch-Hirse (oder Hirseflocken)

4 reife Birnen

1 TL Zimtpulver

400 g Magerquark

Sie können den Hirsebrei auch am Vorabend zubereiten. Dann morgens nur noch mit etwas Milch verrühren und noch einmal kurz bei mittlerer Hitze erwärmen.

1 Die Milch in einem Topf erhitzen. Die Hirse einrühren und bei schwacher Hitze etwa 15 Minuten ziehen lassen (Hirseflocken nur 3 Minuten). Vom Herd nehmen und 10 Minuten ruhen lassen.

2 Die Birnen waschen, vierteln und die Kerngehäuse entfernen. Die Birnenviertel mit 3 EL Wasser in einer Pfanne erhitzen und bei schwacher Hitze dünsten. Mit dem Zimt würzen. (Wer mag, nimmt etwas mehr Wasser, das ergibt eine köstliche Zimtsauce.)

3 Den Quark unter den Hirsebrei heben, den Brei in Schälchen füllen und noch warm mit dem Birnenkompott servieren.

65 g Kohlenhydrate • 21 g Eiweiß • 6 g Fett • 401 kcal / 1676 kJ

Grießbrei mit Apfel-Zimt-Quark

Zutaten für 4 Personen

4 Äpfel

200 g Grieß nach Wahl (z. B. Dinkel- oder Weizengrieß)

800 ml fettarme Milch (oder Soja- oder Reismilch)

400 g Magerquark · 2 TL Zimtpulver · 100 g geschälte Mandeln

1 Die Äpfel waschen, vierteln und die Kerngehäuse entfernen. Die Apfelviertel fein raspeln.

2 Den Grieß nach Packungsanweisung in der Milch kochen. Den Quark, die Apfelraspel und den Zimt untermischen. Nach Belieben den Grießbrei mit etwas Mineralwasser cremig rühren.

3 Den Grießbrei in Schälchen anrichten und mit den Mandeln garnieren.

66 g Kohlenhydrate • 30 g Eiweiß • 18 g Fett • 554 kcal / 2315 kJ

Traubenmüsli mit Walnüssen

Zutaten für 1 Person

100 g gemischte kernlose Weintrauben

3 EL Haferflocken

4 EL Dinkelflakes

150 g Sojajoghurt (oder fettarmer Naturjoghurt)

10 Walnusshälften

1 Die Weintrauben waschen, trocken tupfen, nach Belieben halbieren und mit den Haferflocken und Dinkelflakes mischen.

2 Den Sojajoghurt in ein Glas geben und die Trauben-Müsli-Mischung darauf verteilen. Die Walnüsse grob hacken und auf dem Müsli anrichten. Nach Bedarf 3 bis 4 EL fettarme Milch, Soja- oder Reismilch dazugeben.

52 g Kohlenhydrate • 15 g Eiweiß • 18 g Fett • 436 kcal / 1822 kJ

Nussmüsli mit Mandarinen

Zutaten für 1 Person

2 Mandarinen

3 EL Haferflocken

2 EL Amarant

100 g Hüttenkäse

50 g geschälte Mandeln (oder ungesalzene Erdnüsse)

1 Die Mandarinen schälen und in die einzelnen Fruchtspalten teilen. Einige Mandarinenspalten für die Deko beiseitelegen, die restlichen Mandarinenstücke mit den Getreideflocken und dem Hüttenkäse mischen. Nach Bedarf 3 bis 4 EL fettarme Milch, Soja- oder Reismilch unterrühren. Müsli in ein Schälchen füllen.

2 Die Mandeln nach Belieben grob hacken und mit den restlichen Mandarinen auf dem Müsli anrichten.

47 g Kohlenhydrate • 30 g Eiweiß • 36 g Fett • 629 kcal / 2629 kJ

Mein Tipp

Dies sind meine beiden Lieblingsmüslis, wenn ich unterwegs bin und nicht im Hotel frühstücken möchte. Ich habe immer Flocken und Reismilch im Koffer, Obst kaufe ich mir unterwegs – so kann ich mir morgens schon was Gutes tun!

Rührei mit Tomate und Mozzarella

Zutaten für 1 Person

1 Tomate

1/2 Kugel Mozzarella (ca. 65 g)

2 Eiweiß · 1 Ei

1 EL gehackte Petersilie

Meersalz · 1 Schuss Sojasahne

1 TL Kokosfett (oder Rapsöl)

1 Scheibe Vollkornbrot (60 g)

1 Die Tomate waschen und vierteln, dabei den Stielansatz entfernen. Die Tomatenviertel in kleine Würfel schneiden. Den Mozzarella ebenfalls in kleine Würfel schneiden.

2 Die Eiweiße mit dem Ei, der Petersilie, Salz und Sojasahne verrühren. Die Tomatenwürfel untermischen.

3 Das Kokosfett in einer Pfanne erhitzen und die Eiermasse darin zu einem Rührei braten. Zum Schluss die Mozzarellawürfel hinzufügen. Das Vollkornbrot dazu essen.

28 g Kohlenhydrate • 32 g Eiweiß • 36 g Fett • 550 kcal / 2299 kJ

Guten-Morgen-Tofu – als Rührei

Zutaten für 2 Personen

1 Bund Frühlingszwiebeln

8 Cocktailtomaten

400 g Tofu · Meersalz

1 TL Paprikapulver (edelsüß)

1 TL gemahlene Kurkuma

je 1/2 TL Currypulver und gemahlener Koriander

2 TL Sesamöl · Shoyu (jap. Sojasauce) zum Abschmecken

2 Scheiben Vollkornbrot (à 60 g)

1 Die Frühlingszwiebeln putzen, waschen und in feine Ringe schneiden. Die Cocktailtomaten waschen, trocken tupfen und halbieren. Den Tofu waschen, trocken tupfen und mit einer Gabel zerdrücken. Mit 1 TL Salz, Paprikapulver, Kurkuma, Currypulver und Koriander würzen.

2 Das Sesamöl in einer kleinen Pfanne erhitzen und die Frühlingszwiebeln und den Tofu darin etwa 5 Minuten bei mittlerer Hitze braten. Dann die Tomaten dazugeben und etwa 1 Minute mitbraten. Das Tofu-Rührei mit Shoyu abschmecken und mit dem Vollkornbrot servieren.

Dazu passt frisches Obst (z. B. Mango, Ananas, Orange) oder 1/2 Avocado (mit Zitronensaft beträufelt).

32 g Kohlenhydrate • 18 g Eiweiß • 19 g Fett • 359 kcal / 1501 kJ

Avocado mit dreierlei Füllung

Zutaten für 1 Person

Avocado mit Kräuter-Hüttenkäse

1 reife Avocado · 125 g Hüttenkäse

Meersalz · Pfeffer aus der Mühle

einige Spritzer Zitronensaft

1/2 EL Aceto balsamico · 1 EL tiefgekühlte 8-Kräuter-Mischung

1 Für die Avocado mit Kräuter-Hüttenkäse die Avocado halbieren und den Kern entfernen. Den Hüttenkäse mit Salz, Pfeffer, Zitronensaft und Essig würzen und mit den Kräutern mischen.

2 Den Kräuter-Hüttenkäse in die Avocadohälften füllen. Nach Belieben 1 Scheibe Schwarzbrot dazu essen.

4 g Kohlenhydrate • 19 g Eiweiß • 47 g Fett • 510 kcal / 2132 kJ

Avocado mit Lachs-Hüttenkäse

100 g geräucherter Lachs

1 Frühlingszwiebel

80 g Hüttenkäse · Meersalz

Pfeffer aus der Mühle

1–2 TL Zitronensaft

1/2 TL getrockneter Dill

1 reife Avocado

1 Für die Avocado mit Lachs-Hüttenkäse den Lachs in kleine Stücke schneiden. Die Frühlingszwiebel putzen, waschen und in feine Ringe schneiden. Beides mit dem Hüttenkäse mischen und mit Salz, Pfeffer, Zitronensaft und Dill würzen.

2 Die Avocado halbieren und den Kern entfernen. Die Avocadohälften mit dem Lachs-Hüttenkäse füllen. Nach Belieben 1 Scheibe Schwarzbrot dazu essen.

6 g Kohlenhydrate • 42 g Eiweiß • 64 g Fett • 767 kcal / 3206 kJ

Avocado mit Garnelen

1 Knoblauchzehe · 80 g Garnelen (küchenfertig) · 1 EL Zitronensaft

Meersalz · 2 EL Sesamöl

80 g fettarmer Naturjoghurt

1/2 TL Dijon-Senf mit Honig

1 EL gehackte Petersilie

Pfeffer aus der Mühle

1 reife Avocado

1 Für die Avocado mit Garnelen den Knoblauch schälen. Die Garnelen waschen, trocken tupfen, mit etwas Zitronensaft beträufeln und leicht salzen. Das Sesamöl in einer Pfanne erhitzen und die Garnelen darin etwa 1 Minute braten. Den Knoblauch durch die Knoblauchpresse dazudrücken und weitere 3 Minuten unter Rühren braten. Etwas abkühlen lassen.

2 Den Joghurt mit dem restlichen Zitronensaft, Senf und Petersilie mischen und mit Salz und Pfeffer würzen. Die Avocado halbieren und den Kern entfernen. Die Avocadohälften mit dem Joghurt füllen und die Garnelen darauf verteilen. Nach Belieben 1 Scheibe Schwarzbrot dazu essen.

9 g Kohlenhydrate • 21 g Eiweiß • 68 g Fett • 728 kcal / 3043 kJ

Hüttenkäsebrot in vielen Variationen

Zutaten für 1 Person

Brot mit Tomate und Rucola

1 Tomate · einige Rucolablätter

100 g Hüttenkäse

1 Scheibe Vollkornbrot (60 g)

Meersalz · Pfeffer aus der Mühle

Olivenöl zum Beträufeln

Brot mit Apfel und Zimt

½ Apfel · einige Spritzer Zitronensaft · ½ TL Reissirup

100 g Hüttenkäse

1 Scheibe Vollkornbrot (60 g)

Zimtpulver zum Bestäuben

1 Für das Brot mit Tomate und Rucola die Tomate waschen und in Scheiben schneiden, dabei den Stielansatz entfernen. Den Rucola waschen und trocken schütteln, grobe Stiele entfernen.

2 Hüttenkäse auf dem Brot verteilen, Tomate und Rucola darauf anrichten. Mit Salz und Pfeffer würzen, mit Olivenöl beträufeln.

27 g Kohlenhydrate • 17 g Eiweiß • 7 g Fett • 247 kcal / 1033 kJ

1 Für das Brot mit Apfel und Zimt die Apfelhälfte waschen, halbieren und das Kerngehäuse entfernen. Die Apfelviertel grob raspeln und mit dem Zitronensaft und dem Reissirup mischen. Den Hüttenkäse auf dem Brot verteilen und die Apfelraspel darauf anrichten. Mit Zimt bestäuben.

35 g Kohlenhydrate • 17 g Eiweiß • 5 g Fett • 258kcal / 1078 kJ

Verfeinern Sie Ihr Hüttenkäsebrot zur Abwechslung einmal mit:

- gehackten Kräutern, Aceto balsamico, Salz und Pfeffer
- Frühlingszwiebelringen, Paprikapulver und Rapsöl
- Avocadomus (mit Knoblauch und Zitronensaft gewürzt)
- Gartenkresse und Olivenöl
- Mandelmus (aus dem Bioladen) oder Mandelstiften und Zimt

Vollkornbrot mit Putenbrust

Zutaten für 1 Person

½ rote Paprikaschote

1 TL Olivenöl · Meersalz

Cayennepfeffer · 40 g Pinienkerne

1 Scheibe Vollkornbrot (60 g)

100 g Putenbrust (in Scheiben)

1 Die Paprika entkernen, waschen und in sehr kleine Würfel schneiden. Mit dem Olivenöl mischen und mit Salz und Cayennepfeffer würzen.

2 Die Pinienkerne in einer beschichteten Pfanne ohne Fett goldbraun rösten. Das Brot mit der Putenbrust belegen, die Paprikawürfel darauf anrichten und mit den Pinienkernen bestreuen.

31 g Kohlenhydrate • 39 g Eiweiß • 27 g Fett • 524 kcal / 2190 kJ

Brotaufstriche – süß und pikant

Süße Tofupaste

Zutaten für 4 Personen

500–600 g Tofu · 100 g geschälte Mandeln 50 g Rosinen · 600 g Obst nach Wahl und Saison (klein geschnitten) · 4 EL Reissirup 2 TL Sesammus (ungesüßt) · 1–2 TL Sesamöl

1 Tofu waschen, trocken tupfen und in Stücke schneiden. Mandeln grob hacken. Beides mit den Rosinen im Dampfgarer oder in einem Topf mit Dämpfeinsatz 10 Minuten dämpfen.

2 Alles mit dem Obst, dem Reissirup, dem Sesammus und -öl mit dem Stabmixer fein pürieren. Zum Aufbewahren in ein Schraubglas füllen. Kühl gelagert etwa 2 Wochen haltbar.

Guacamole mal anders

Zutaten für 4 Personen

2 reife Avocados · Saft von 1 Zitrone 3 Knoblauchzehen · 200 g Hüttenkäse · Meersalz · Pfeffer aus der Mühle · Cayennepfeffer

1 Die Avocados halbieren und den Kern entfernen. Die Avocadohälften schälen und das Fruchtfleisch mit einer Gabel zerdrücken. Den Zitronensaft untermischen.

2 Den Knoblauch schälen und durch die Knoblauchpresse dazudrücken. Den Hüttenkäse unterrühren und den Aufstrich mit Salz, Pfeffer und Cayennepfeffer kräftig würzen.

Tofupaprika »picante«

Zutaten für 4 Personen

500–600 g Tofu · 1 großes Bund Frühlingszwiebeln · 3 Knoblauchzehen · 80 g Sonnenblumenkerne · Meersalz · 2 1/2 EL Ume Su (jap. Würzsauce; aus dem Bioladen) · 3/4 TL Chilipulver · 6 TL Paprikapulver (edelsüß) · etwas geriebener Ingwer · je 1/2 TL gemahlener Kreuzkümmel, gemahlener Koriander und Currypulver 8 EL Sesamöl · 2 TL Reissirup (oder Honig)

1 Den Tofu waschen, trocken tupfen und in Stücke schneiden. Die Frühlingszwiebeln putzen, waschen und in feine Ringe schneiden. Den Knoblauch schälen.

2 Die vorbereiteten Zutaten im Dampfgarer oder in einem Topf mit Dämpfeinsatz etwa 20 Minuten dämpfen. Inzwischen die Sonnenblumenkerne in einer beschichteten Pfanne ohne Fett goldbraun rösten.

3 Die Tofumasse in eine Schüssel geben und mit 2 1/2 TL Salz, Ume Su, Chili- und Paprikapulver, Ingwer, Kreuzkümmel, Koriander und Curry würzen. Das Sesamöl und die Sonnenblumenkerne dazugeben und alles mit dem Stabmixer fein pürieren. Mit dem Reissirup abschmecken und zum Aufbewahren in ein Schraubglas füllen. Der Aufstrich hält sich kühl gelagert etwa 1 Woche.

Wer keinen Dampfgarer bzw. Topf mit Dämpfeinsatz besitzt, kann den Tofu und das Gemüse auch in einer Pfanne mit 100 ml Wasser dünsten.

Tofu-Champignon-Paste

Zutaten für 4 Personen

400 g Champignons · 500–600 g Tofu
100 g getrocknete Tomaten · 1 Bund Petersilie
5 EL Sesamöl · 2 EL Aceto balsamico · Meersalz
Pfeffer aus der Mühle · 100 g geröstete Pinienkerne · 1 EL Ume Su (jap. Würzsauce; aus dem Bioladen) · 1 TL Reissirup (oder Honig)

1 Pilze putzen, trocken abreiben, Tofu waschen und trocken tupfen. Beides in Stücke schneiden. Die Tomaten klein schneiden. Petersilie waschen und trocken schütteln, die Blätter abzupfen und grob zerkleinern.

2 Die Pilze in 2 EL Sesamöl rundum scharf anbraten. Mit Essig, Salz und Pfeffer würzen. Tofu dazugeben und etwa 3 Minuten mitbraten. Mit den Tomaten, den Pinienkernen, der Petersilie und dem restlichen Öl mit dem Stabmixer fein pürieren. Mit 2 TL Salz, Ume Su und Reissirup abschmecken.

Kräuterquark – Basisrezept und Varianten

Basisrezept

Zutaten für 4 Personen

250 g Magerquark · 5 EL Mineralwasser
2–3 EL gehackte Kräuter nach Wahl (z. B. Petersilie, Dill, Schnittlauch, Gartenkresse; frisch oder tiefgekühlt) · Meersalz · Pfeffer aus der Mühle · einige Spritzer Zitronensaft
etwas Aceto balsamico

1 Den Magerquark mit dem Mineralwasser in einer kleinen Schüssel cremig rühren und die Kräuter untermischen.

2 Den Kräuterquark mit Salz, Pfeffer, Zitronensaft und Essig abschmecken.

Der Bunte (siehe Bild links)

Für bunten Kräuterquark 150 g klein geschnittenes Gemüse (z. B. rote und gelbe Paprikaschote, Staudensellerie und Tomate) unter den Kräuterquark mischen.

Der Griechische

Für griechischen Kräuterquark 1 bis 2 fein gewürfelte Knoblauchzehen und 150 g geraspelte Salatgurke unter den Kräuterquark mischen.

Der Pikante

Für pikanten Kräuterquark 2 bis 3 klein gewürfelte Essiggurken, 1 bis 2 TL Dijon-Senf mit Estragon und etwas Essiggurkensud unter den Kräuterquark mischen. Mit Cayennepfeffer abschmecken.

Der Feine (siehe Bild links)

Für Lachs-Kräuterquark 1 bis 2 TL Dijon-Senf, 1 TL Honig, 2 klein geschnittene Frühlingszwiebeln und 120 g gewürfelten geräucherten Lachs unter den Kräuterquark mischen.

Suppen & Salate

Mit gutem Gewissen genießen: Suppen und Salate sind die Dauerbrenner der gesunden Küche. Und zum Glück sind sie so variabel und abwechslungsreich, dass es garantiert nie langweilig wird. Als vollwertige Mahlzeiten liefern sie alle wichtigen Nährstoffe, die man braucht – und wer lästige Pfunde loswerden will, sieht schnell einen Erfolg. Nur abends sollte man auf Rohkost und Salate verzichten, denn zu später Stunde können sie einem schwer im Magen liegen.

Hühnersuppe mit Gemüse

Zutaten für 4 Personen

2 Möhren

1/4 Sellerieknolle

1 Kohlrabi

1 Stange Lauch

100 g Zuckerschoten

350–400 g Hähnchenbrustfilet

2 EL Sesamöl

1 l Gemüsebrühe

Meersalz · Pfeffer aus der Mühle

4 Scheiben Vollkornbrot (à 60 g)

1 Die Möhren, den Sellerie und den Kohlrabi putzen, schälen und in kleine Würfel schneiden. Den Lauch und die Zuckerschoten putzen und waschen. Den Lauch in feine Ringe, die Zuckerschoten in Stücke schneiden.

2 Das Hähnchenfleisch waschen, trocken tupfen und in Streifen schneiden. Das Sesamöl in einem Topf erhitzen und das Fleisch, die Möhren, den Sellerie und den Kohlrabi darin 3 Minuten anbraten. Die Gemüsebrühe angießen und die Suppe bei schwacher Hitze etwa 20 Minuten köcheln lassen.

3 Nach 10 Minuten den Lauch und die Zuckerschoten dazugeben und mitgaren. Die Hühnersuppe mit Salz und Pfeffer würzen, in Suppentellern anrichten und mit dem Vollkornbrot servieren.

34 g Kohlenhydrate • 29 g Eiweiß • 11 g Fett • 333 kcal / 1391 kJ

Die Suppe eignet sich auch bestens zum Vorkochen und Einfrieren: Dafür das Fleisch aus der fertigen Suppe nehmen, die Suppe pürieren und das Fleisch wieder dazugeben. Dann in einem gefrierfesten Behälter tiefkühlen. Immer langsam auftauen, am besten schon am Vorabend aus dem Tiefkühlfach nehmen und im Kühlschrank auftauen lassen.

Mein Tipp

Diese Suppe ist ideal, um ein paar lästige Pfunde loszuwerden: Sie macht satt und dank der Kombi aus guten Eiweißen und Kohlenhydraten ganz nebenbei schlank. Wenn Sie also einmal so richtig geschlemmt haben, dann essen Sie diese Suppe 2 Tage (oder länger) als Mittag- und Abendessen.

Gemüsesuppe mit Putenwürstchen

Zutaten für 4 Personen

1 Zwiebel · 1 große Stange Lauch

1 Fenchelknolle · 2 Möhren

1/2 Sellerieknolle

1 kleiner Blumenkohl · 10 g Ingwer

2 EL Sesamöl · 1,2 l Gemüsebrühe

4 Lorbeerblätter

6 Wacholderbeeren

500 g Puten-Wiener-Würstchen

4 Scheiben Vollkornbrot (à 60 g)

1 Die Zwiebel schälen und in feine Würfel schneiden. Lauch und Fenchel putzen, waschen und in Ringe bzw. Stücke schneiden. Möhren und Sellerie putzen, schälen und ebenfalls in Stücke schneiden. Blumenkohl putzen, waschen und in Röschen teilen. Den Ingwer schälen und fein hacken. Das Sesamöl in einem großen Topf erhitzen und die Zwiebel, den Ingwer und das Gemüse, bis auf den Blumenkohl, darin andünsten.

2 Die Brühe angießen, Lorbeerblätter und Wacholderbeeren dazugeben. Die Suppe kurz aufkochen und dann bei mittlerer Hitze etwa 5 Minuten köcheln lassen. Den Blumenkohl dazugeben und die Suppe weitere 10 Minuten köcheln lassen. Die Würstchen in Scheiben schneiden. 3 Minuten vor Ende der Garzeit zur Suppe geben. Zum Anrichten die Gewürze aus der Suppe entfernen, die Gemüsesuppe nach Belieben mit Salz würzen und mit dem Vollkornbrot servieren.

33 g Kohlenhydrate • 24 g Eiweiß • 13 g Fett • 417 kcal / 1743 kJ

Wissenswertes über Gemüsebrühe: **Instant-Gemüsebrühe gibt es in Würfelform oder als Pulver zu kaufen. Wenn möglich, sollten Sie auf Brühe aus dem Bioladen oder Reformhaus zurückgreifen. Diese enthält nämlich kein Glutamat, einen Geschmacksverstärker, der im Verdacht steht, bei überempfindlichen Menschen Symptome wie Kopfschmerzen, Übelkeit, Hyperaktivität und Heißhunger auszulösen.**

Mein Tipp

Mein Trick, wenn Kinder nicht gern Gemüse essen: Pürieren Sie die Suppe und bilden Sie aus den Würstchen ein Gesicht mit Augen, Nase und Mund. Dann noch Gartenkresse als Augenbrauen verwenden und dem Ganzen einen Fantasienamen geben, z. B. geheime Seeräubersuppe.

Linsensuppe mit Tofuwürstchen

Zutaten für 4 Personen

4 große Zwiebeln

4 Knoblauchzehen · 2 Möhren

1 kleines Stück Sellerieknolle

25 g Ingwer

4 EL Sesamöl · Meersalz

2 EL Instant-Gemüsebrühe

2 TL gemahlener Kreuzkümmel

2 TL Currypulver

1 TL gemahlener Koriander

500 g rote Linsen

150–200 ml Kokosmilch

4 EL Aceto balsamico

1 Packung Tofuwürstchen (ca. 280 g)

Diese Suppe eignet sich hervorragend zum Einfrieren – ohne Würstchen. Einfach die doppelte Menge kochen, das spart beim nächsten Mal Zeit!

1 Die Zwiebeln und den Knoblauch schälen und in feine Würfel schneiden. Die Möhren und den Sellerie putzen, schälen und in Stücke schneiden. Den Ingwer schälen und fein reiben.

2 In einem großen Topf 2 EL Sesamöl erhitzen, Zwiebeln und Knoblauch darin andünsten. Das Gemüse und den Ingwer dazugeben und etwa 3 Minuten mitdünsten.

3 Dann 1 TL Salz, das Brühpulver, Kreuzkümmel, Currypulver und Koriander dazugeben und weitere 2 Minuten dünsten.

4 Die Linsen in einem Sieb unter fließendem kaltem Wasser abspülen, bis das Wasser klar abläuft. Die Linsen zum Gemüse geben, gut unterrühren und mit etwa 1 l Wasser aufgießen.

5 Die Linsensuppe bei mittlerer Hitze etwa 10 Minuten köcheln lassen, falls nötig, noch etwas Wasser dazugießen.

6 Die Kokosmilch hinzufügen und die Linsensuppe noch einige Minuten weitergaren. Zum Schluss mit dem Essig abschmecken.

7 Inzwischen die Tofuwürstchen im restlichen Sesamöl rundum anbraten und zur Suppe reichen.

Dazu passt Vollkornbaguette oder -toast.

74 g Kohlenhydrate • 38 g Eiweiß • 13 g Fett • 574 kcal / 2399 kJ

Mein Tipp

Linsen haben einen hohen Zinkanteil. Zink ist ein Spurenelement, das eine wichtige Rolle im Stoffwechsel spielt und für ein starkes Immunsystem sorgt. Der Körper kann dieses Spurenelement nicht selbst herstellen – es muss also über die Nahrung zugeführt werden.

Kürbissuppe mit Mini-Frikadellen

Zutaten für 4 Personen

Für die Suppe:

1 Hokkaidokürbis (ca. 600 g)

2 große Möhren

1/4 Sellerieknolle

2 weiße Zwiebeln

3 Knoblauchzehen · 15 g Ingwer

1–2 EL Kokosfett (oder Rapsöl)

1 1/2 l Gemüsebrühe

Meersalz · Pfeffer aus der Mühle

2 EL Gartenkresse

Für die Mini-Frikadellen:

1 große weiße Zwiebel

2 Knoblauchzehen

3–4 EL Sesamöl · 1 Möhre

1 kleines Stück Sellerieknolle

1 Bund Petersilie

500 g Rinderhackfleisch

2 Eier · 2 EL Haferflocken (oder Dinkelflocken)

1 TL getrockneter Majoran

1 TL Paprikapulver (edelsüß)

1 TL scharfer Senf · Meersalz

Pfeffer aus der Mühle

1 Für die Suppe den Kürbis waschen, halbieren, entkernen und in Stücke schneiden. Die Möhren und den Sellerie putzen, schälen und ebenfalls in Stücke schneiden. Die Zwiebeln, den Knoblauch und den Ingwer schälen und in feine Würfel schneiden.

2 Das Kokosfett in einem großen Topf erhitzen, Zwiebeln, Knoblauch und Ingwer darin andünsten. Kürbis-, Möhren- und Selleriestücke dazugeben und kurz rundum anbraten.

3 Die Gemüsebrühe angießen und die Suppe zugedeckt bei mittlerer Hitze etwa 25 Minuten köcheln lassen.

4 Inzwischen für die Mini-Frikadellen die Zwiebel und den Knoblauch schälen und in feine Würfel schneiden. 1 EL Sesamöl in einer Pfanne erhitzen und Zwiebel- und Knoblauchwürfel darin glasig dünsten. Abkühlen lassen.

5 Die Möhre und den Sellerie putzen, schälen und auf der Gemüsereibe fein raspeln. Die Petersilie waschen und trocken schütteln, die Blätter abzupfen und fein hacken.

6 Das Hackfleisch in einer Schüssel mit den Gemüseraspeln, der Petersilie, den Eiern, den Haferflocken sowie Zwiebel und Knoblauch mischen. Die Hackfleischmasse mit Majoran, Paprikapulver, Senf, Salz und Pfeffer kräftig würzen.

7 Aus der Masse mit angefeuchteten Händen kleine Bällchen formen und im restlichen Öl rundum braten.

8 Die Kürbissuppe mit dem Stabmixer pürieren und mit Salz und Pfeffer abschmecken. Die Suppe auf Suppenteller oder Schälchen verteilen und die Mini-Frikadellen darin anrichten. Die Suppe mit der Kresse bestreuen und nach Belieben mit Kürbiskernöl beträufeln.

Dazu passt Fladenbrot oder Ciabatta.

18 g Kohlenhydrate • 39 g Eiweiß • 35 g Fett • 539 kcal / 2253 kJ

Hühneraufbausuppe mit Ingwer

Zutaten für 4 Personen

8 Möhren

1 kleine Sellerieknolle

5 Stangen Lauch

1 Zwiebel

25 g Ingwer

5 Bund Petersilie

1 Suppenhuhn (Bioqualität)

Meersalz

5 EL Instant-Gemüsebrühe

1 Die Möhren und den Sellerie putzen und schälen. Den Lauch putzen und waschen. Die Zwiebel und den Ingwer schälen. Alles klein schneiden. Die Petersilie waschen.

2 Das Huhn innen und außen waschen und mit dem Gemüse und der Petersilie in einen großen Topf geben. Etwa 4 l Wasser angießen und alles bei schwacher Hitze 5 Stunden leise kochen. Die Suppe mit 2 TL Salz und dem Brühpulver abschmecken.

3 Das Huhn aus der Suppe nehmen und die Brühe vorsichtig durch ein Sieb gießen, nach Belieben entfetten. Das Gemüse entfernen und das Fleisch nach Belieben anderweitig verwenden. Am besten täglich $^1/_4$ bis $^1/_2$ l Suppe zu sich nehmen.

Dazu passen die Grießklößchen von S. 44 oder Baguette.

3 g Kohlenhydrate • 2 g Eiweiß • 6 g Fett • 70 kcal / 292 kJ

Die Hühneraufbausuppe hält sich im Kühlschrank etwa 5 Tage. Das Hühnerfleisch können Sie z. B. für einen Geflügelsalat oder ein Hühnerfrikassee verwenden.

Mein Tipp

Die Hühneraufbausuppe ist ein bewährtes Mittel bei vielen Krankheiten. Aber auch bei hoher Stressbelastung, nach einer Geburt und beim Stillen wirkt sie Wunder. Sie regt den Stoffwechsel an, gibt Kraft und wärmt den Körper von innen heraus.

Gulaschsuppe mit Chili

Zutaten für 4 Personen

6 Zwiebeln · 2 Knoblauchzehen

1 rote Paprikaschote

je 1/2 TL getrockneter Majoran und Thymian

1 TL ganzer Kümmel

1–2 kleine getrocknete Chilischoten

2–3 EL Sesamöl

400 g mageres Rindfleisch (gut abgehangen; vom Metzger in ca. 1 1/2 cm große Würfel schneiden lassen)

3 TL Paprikapulver (edelsüß)

2 EL Mehl · 140 g Tomatenmark

1 Schuss Rotwein

1 1/2 l Gemüsebrühe

1 Schuss Sojasahne

Meersalz · Pfeffer aus der Mühle

frisch geriebene Muskatnuss

4 Scheiben Vollkornbrot (à 60 g)

Eine besondere Note erhält die Gulaschsuppe, wenn Sie vor dem Servieren etwas abgeriebene unbehandelte Zitronenschale dazugeben.

1 Die Zwiebeln und den Knoblauch schälen, die Zwiebeln in feine Ringe, den Knoblauch in feine Würfel schneiden. Die Paprika längs halbieren, entkernen, waschen und in feine Streifen schneiden. Majoran und Thymian mit den ganzen Gewürzen im Mörser fein zermahlen.

2 Das Sesamöl in einem großen Topf erhitzen und das Fleisch darin rundum anbraten. Die Zwiebeln dazugeben und bei mittlerer Hitze leicht bräunen. Dann den Knoblauch, die Paprika und das Paprikapulver dazugeben und kurz mitbraten.

3 Das Mehl darüberstäuben und die im Mörser zerkleinerten Gewürze dazugeben. Dann das Tomatenmark unterrühren, mit Rotwein ablöschen und kurz einkochen lassen. Die Gemüsebrühe angießen und die Gulaschsuppe bei schwacher Hitze 1 bis 1 1/2 Stunden köcheln lassen.

4 Zuletzt die Sojasahne dazugeben und die Suppe noch kurz köcheln lassen. Vor dem Servieren mit Salz, Pfeffer, Muskatnuss und nach Belieben Chilipulver pikant abschmecken. Mit dem Vollkornbrot servieren.

41 g Kohlenhydrate • 26 g Eiweiß • 18 g Fett • 421 kcal / 1760 kJ

Mein Tipp

Chili gehört zu meinen Lieblingsgewürzen. Ich verwende ganze getrocknete Schoten oder Cayennepfeffer, das sind gemahlene Schoten. Ihre Schärfe verdanken Chilis dem Capsaicin, das vor allem in Samen und Trennwänden sitzt. Chili wirkt durchblutungsfördernd und hilft so, Schmerzen zu lindern.

Rindersuppe mit Grießklößchen

Zutaten für 4 Personen

Für die Suppe:

3 Möhren · 1 kleine Sellerieknolle

1 Stange Lauch

2 Zwiebeln · 3 Lorbeerblätter

10 Wacholderbeeren

5 Scheiben Ingwer

2 Bund Petersilie

1/2 Bund Liebstöckel

300 g Rinderknochen

1 kg Suppenfleisch (vom Rind)

Meersalz · Pfeffer aus der Mühle

2 EL Reissirup

Für die Klößchen:

1/4 l Milch

50 g weiche Butter · Meersalz

frisch geriebene Muskatnuss

85 g Vollkorngrieß

1 Ei (Zimmertemperatur)

Für das Gemüse:

1 Möhre · 80 g Knollensellerie

2 Frühlingszwiebeln

1 Für die Suppe Möhren und Sellerie putzen und schälen, den Lauch putzen und waschen. Das Gemüse klein schneiden, in einen großen Topf geben und etwa 3 l Wasser angießen. Die Zwiebeln ungeschält halbieren und in einer Pfanne auf den Schnittflächen braun rösten. Mit den Gewürzen und den gewaschenen Kräutern in den Topf geben. Die Knochen waschen und mit dem Fleisch ebenfalls dazugeben. Alles aufkochen und dann bei schwacher Hitze 2 1/2 Stunden köcheln lassen, den dabei aufsteigenden Schaum mit einem Schaumlöffel abnehmen.

2 Für die Klößchen die Milch mit der Butter und je 1 Prise Salz und Muskatnuss aufkochen lassen. Den Grieß einrieseln lassen und erneut aufkochen. Die Masse in eine Schüssel umfüllen und 10 Minuten quellen lassen. Dann das Ei hinzufügen und die Grießmasse nochmals mit Salz und Muskatnuss würzen.

3 In einem Topf Salzwasser zum Sieden bringen. Aus der Grießmasse mit zwei nassen Teelöffeln gleichmäßige Klößchen abstechen, die Löffel dabei zwischendurch in heißes Wasser tauchen. Die Grießklößchen in Salzwasser knapp unter dem Siedepunkt etwa 15 Minuten gar ziehen lassen, dann herausheben.

4 Für das Gemüse die Möhre und den Sellerie putzen, schälen und in sehr feine Streifen schneiden. Die Frühlingszwiebeln putzen, waschen und in sehr feine Ringe schneiden. Die Suppe durch ein Sieb in einen zweiten Topf gießen und das mitgegarte Gemüse entfernen. Etwa 1 l Suppe erneut erhitzen (die restliche Suppe anderweitig verwenden oder einfrieren) und die Gemüsestreifen bzw. -ringe darin etwa 3 Minuten bissfest garen. Die Suppe mit Salz, Pfeffer und Reissirup abschmecken. Dann die Grießklößchen dazugeben und kurz erwärmen. Die gewünschte Menge gekochtes Rindfleisch in Streifen schneiden und mit der Suppe, den Grießklößchen und dem Gemüse in Suppentellern anrichten.

Dazu passt Vollkorntoast oder Baguette.

21 g Kohlenhydrate • 8 g Eiweiß • 14 g Fett • 237 kcal / 991 kJ

Salatdressings und -toppings

Balsamico-Vinaigrette

2 EL Aceto balsamico · 1 TL Dijon-Senf
Meersalz · Pfeffer aus der Mühle · 4 EL Olivenöl

1 Den Essig mit dem Senf, 1/2 TL Salz und etwas Pfeffer in einer kleinen Schüssel mit dem Schneebesen verrühren.

2 Das Olivenöl nach und nach unterrühren. Nach Belieben noch frische oder tiefgekühlte Salatkräuter untermischen.

Die Balsamico-Vinaigrette ist der Klassiker schlechthin und passt zu allen Salaten.

Petersilien-Kapern-Vinaigrette

1 Knoblauchzehe · 1/2 Bund Petersilie
3 EL Balsamico bianco · 4 EL Olivenöl
2 EL Sesamöl · 10 eingelegte Kapern
1/2 TL Honig · 1 TL Dijon-Senf · Meersalz
Pfeffer aus der Mühle

1 Den Knoblauch schälen und grob zerkleinern. Die Petersilie waschen und trocken schütteln, die Blätter abzupfen.

2 Beides mit den restlichen Zutaten sowie 1 TL Salz und etwas Pfeffer mit dem Stabmixer cremig pürieren.

Passt gut zu Chicorée und Radicchio.

Erdnuss-Pinienkern-Vinaigrette (siehe Bild)

1/2 Knoblauchzehe · je 2 EL Pinienkerne und Kräuteressig · 1/2 TL Erdnussbutter (ungesüßt)
1 TL Dijon-Senf · Meersalz · 4 EL Erdnussöl

1 Den Knoblauch schälen und in sehr feine Würfel schneiden. Die Pinienkerne in einer beschichteten Pfanne ohne Fett goldbraun rösten.

2 Den Essig mit der Erdnussbutter, dem Senf, dem Knoblauch und 1/2 TL Salz verrühren. Das Erdnussöl nach und nach unterrühren. Zuletzt die Pinienkerne untermischen.

Die Vinaigrette passt super zu Feldsalat.

Honig-Senf-Vinaigrette

1/2 Knoblauchzehe · 3–4 Stiele Petersilie (oder andere Kräuter, z. B. Basilikum) · 2 EL Aceto balsamico · 1 TL Dijon-Senf mit Honig · Meersalz · Pfeffer aus der Mühle · 4 EL Olivenöl

1 Knoblauch schälen und in sehr feine Würfel schneiden. Petersilie waschen, trocken schütteln, Blätter abzupfen und fein hacken.

2 Essig mit Senf, Knoblauch, 1/2 TL Salz und etwas Pfeffer verrühren. Öl nach und nach unterrühren. Zuletzt Petersilie untermischen.

Die Vinaigrette passt zu allen Salaten.

Joghurtdressing (siehe Bild)

2 Frühlingszwiebeln · 2–3 Stiele Petersilie (oder Basilikum oder Thymian) · 2 EL Balsamico bianco · 50 g fettarmer Naturjoghurt 1 TL Dijon-Senf mit Honig · Meersalz · Pfeffer aus der Mühle · 4 EL Olivenöl · 2 EL Sesamöl (oder Walnussöl)

1 Die Frühlingszwiebeln putzen, waschen und in feine Ringe schneiden. Die Petersilie waschen und trocken schütteln, die Blätter abzupfen und fein hacken.

2 Den Essig mit dem Joghurt, dem Senf, 1/2 TL Salz und etwas Pfeffer verrühren.

3 Die beiden Ölsorten nach und nach unterrühren. Zuletzt die Frühlingszwiebeln und die Petersilie untermischen. Nach Belieben noch ein paar Champignons dazugeben.

Das Joghurtdressing passt zu knackigen Blattsalaten und zu allen Gemüsesalaten.

Orangen-Vinaigrette

2 EL Apfelessig · 4 EL Orangensaft 1 TL Dijon-Senf · Meersalz Pfeffer aus der Mühle · 4 EL Sesamöl

1 Den Essig mit dem Orangensaft, dem Senf, 1/2 TL Salz und etwas Pfeffer verrühren. Das Sesamöl nach und nach unterrühren. Nach Belieben noch klein geschnittene Orangenfilets untermischen.

Passt zu Rohkostsalaten oder zu Feldsalat.

Knuspertopping

2–3 EL Kerne oder Nüsse (z. B. Pinien-, Kürbis- oder Sonnenblumenkerne, Walnüsse)

1 Die Nüsse oder Kerne in einer beschichteten Pfanne ohne Fett goldbraun rösten und als Topping auf den Salat geben.

Tofucroûtons

200 g Tofu (natur oder mit Nüssen) · 1–2 EL Sesamöl · Sojasauce · Meersalz (oder Ume Su; jap. Würzsauce; aus dem Bioladen)

1 Den Tofu waschen und in Würfel schneiden. In reichlich Wasser 2 Minuten kochen, in ein Sieb abgießen und trocken tupfen.

2 Die Tofuwürfel im Sesamöl rundum knusprig braten. Mit etwas Sojasauce ablöschen und mit Salz würzen.

Passen zu Salat oder als Suppeneinlage.

Rucolatraum mit Knoblauchgarnelen

Zutaten für 4 Personen

Für den Salat:

4 Bund Rucola (à 60 g)

250 g Cocktailtomaten

40 g Parmesan (am Stück)

2 EL Pinienkerne

600 g Garnelen (küchenfertig; bis auf das Schwanzstück geschält)

1 Knoblauchzehe

1 EL Olivenöl

Meersalz · Pfeffer aus der Mühle

Für die Vinaigrette:

1/2 Knoblauchzehe

2 EL Aceto balsamico

1 TL Dijon-Senf mit Honig

Meersalz · Pfeffer aus der Mühle

4 EL Olivenöl

Außerdem:

400 g Vollkornbaguette

1 Für den Salat den Rucola verlesen, waschen und trocken schleudern, grobe Stiele entfernen. Die Cocktailtomaten waschen, trocken tupfen und nach Belieben halbieren.

2 Den Parmesan mit dem Sparschäler fein hobeln. Die Pinienkerne in einer beschichteten Pfanne ohne Fett goldbraun rösten.

3 Die Garnelen waschen und trocken tupfen. Den Knoblauch schälen und in feine Würfel schneiden. Das Olivenöl in einer Pfanne erhitzen, die Garnelen mit dem Knoblauch darin auf beiden Seiten braten. Mit Salz und Pfeffer würzen, aus der Pfanne nehmen und auf Küchenpapier abtropfen lassen.

4 Für die Vinaigrette den Knoblauch schälen und in feine Würfel schneiden. Mit dem Essig, dem Senf, 1/2 TL Salz und etwas Pfeffer verrühren. Das Olivenöl nach und nach unterrühren. Die Vinaigrette mit dem Rucola und den Tomaten mischen.

5 Den Salat auf Teller verteilen und die Knoblauchgarnelen darauf anrichten. Mit den Pinienkernen und dem Parmesan bestreuen und mit dem Vollkornbaguette servieren.

48 g Kohlenhydrate • 46 g Eiweiß • 24 g Fett • 604 kcal / 2524 kJ

Mein Tipp

Dieser Salat macht nicht nur optisch was her. Die Kombi aus Garnelen, Parmesan, Pinienkernen und Rucola ist eine wahre Gaumenfreude, die schnell zubereitet ist. Ich mache den Salat gern für Gäste als Vorspeise, dazu einen leichten trockenen Weißwein – himmlisch!

Möhrensalat mit Apfel

Zutaten für 4 Personen

Für die Vinaigrette:

1/2 Knoblauchzehe

2 EL Kräuteressig

1 TL Dijon-Senf

einige Spritzer Zitronensaft

Meersalz · Pfeffer aus der Mühle

4 EL Erdnussöl

Für den Salat:

4 Möhren

1 großer Apfel

3 EL Cashewkerne

Anstelle des Apfels können Sie den Salat auch einmal mit 300 g frischem Sauerkraut zubereiten.

1 Für die Vinaigrette den Knoblauch schälen und in feine Würfel schneiden. Den Essig mit dem Knoblauch, dem Senf, dem Zitronensaft, 1 TL Salz und etwas Pfeffer in einer kleinen Schüssel verrühren. Das Erdnussöl nach und nach unterrühren.

2 Für den Salat die Möhren putzen, schälen und auf der Gemüsereibe fein raspeln.

3 Den Apfel waschen, vierteln und das Kerngehäuse entfernen. Die Apfelviertel ebenfalls fein raspeln.

4 Die Vinaigrette mit den Möhren- und Apfelraspeln in einer Schüssel mischen. Die Cashewkerne in einer beschichteten Pfanne ohne Fett goldbraun rösten und unter den Möhrensalat mischen. Servieren Sie dazu gebratene Tofu- oder Putenschnitzel (200 g pro Person) oder gebratene Lachsfilets (140 g pro Person).

12 g Kohlenhydrate • 3 g Eiweiß • 14 g Fett • 180 kcal / 752 kJ

Mein Tipp

Diesen Rohkostsalat liebe ich, weil er erstens schnell gemacht ist und außerdem das ganze Jahr über Saison hat. Zudem ist er ein Beautysnack erster Klasse, denn das in den Möhren und dem Apfel enthaltene Betacarotin lässt mit dem Vitamin E aus dem Erdnussöl freien Radikalen keine Chance.

Feldsalat mit roten Linsen und Ei

Zutaten für 4 Personen

400 g rote Linsen · 1 TL Instant-Gemüsebrühe · 300 g Feldsalat

2 Frühlingszwiebeln

3 EL Rotweinessig · Meersalz

je 1 TL süßer und scharfer Senf

3 EL Orangensaft

je 3 EL Oliven- und Sesamöl

1 säuerlicher Apfel

4 hart gekochte Eier (gepellt)

1 Die Linsen in 400 ml Wasser mit dem Brühpulver bei mittlerer Hitze 8 Minuten köcheln lassen, abgießen und abtropfen lassen. Den Feldsalat putzen, waschen und trocken schleudern. Die Frühlingszwiebeln putzen, waschen und in feine Ringe schneiden.

2 Den Essig mit 1 TL Salz, den beiden Senfsorten und dem Orangensaft verrühren. Beide Ölsorten nach und nach unterrühren. Die Frühlingszwiebeln und nach Belieben 1 TL ungesüßte Erdnussbutter untermischen. Ein Drittel der Vinaigrette mit den Linsen, die restliche Vinaigrette mit dem Feldsalat mischen.

3 Den Apfel waschen, vierteln und das Kerngehäuse entfernen. Apfelviertel in Spalten schneiden und nach Belieben mit Zitronensaft beträufeln. Feldsalat, Linsen und Apfelspalten auf Teller verteilen. Die Eier vierteln und darauf anrichten.

Dazu passt Vollkorntoast, mit wenig Butter bestrichen und mit gerösteten Sesamsamen bestreut.

59 g Kohlenhydrate • 33 g Eiweiß • 24 g Fett • 584 kcal / 2441 kJ

Wissenswertes über Linsen:
Linsen, die kleinen Hülsenfrüchte, sind die reinsten Fitmacher: Neben purer Energie liefern sie dem Körper eine ordentliche Portion an Vitaminen und Mineralstoffen und wirken nachweislich positiv auf unser Gehirn. Ideal für die schnelle Küche sind rote Linsen: Diese sind bereits geschält – man spart sich so die Einweich- und lange Kochzeit. Außerdem haben rote Linsen keine blähende Wirkung.

Mein Tipp

Dieser Salat ist dank der Linsen ein super Sattmacher: Sie sind reich an Ballaststoffen, die den Blutzuckerspiegel konstant halten und so vor Heißhunger schützen. Um Ihren Darm nicht zu sehr zu belasten, sollten Sie den Feldsalat mit Linsen – wie andere Salate auch – jedoch nicht abends essen.

Gemischter Salat mit Hähnchen

Zutaten für 4 Personen

Für den Salat:

300 g gemischte Salatblätter (z. B. Eichblattsalat, Feldsalat, Kopfsalat, Batavia)

1 kleine Salatgurke

je 1 rote und gelbe Paprikaschote

1 Möhre

100 g weiße Champignons

250 g Hähnchenbrustfilet

1 EL Sesamöl

Meersalz · Pfeffer aus der Mühle

2 EL Sesammus (Tahin)

2 EL Walnüsse (oder Sesamsamen)

Für die Vinaigrette:

2 EL Weißweinessig

1 TL Dijon-Senf mit Honig

Meersalz · Pfeffer aus der Mühle

2 EL Olivenöl

2 EL Walnussöl

Außerdem:

4 Scheiben Vollkornbrot (à 60 g; oder 240 g Vollkornbaguette)

1 Für den Salat die Salatblätter putzen, in reichlich kaltem Wasser gründlich waschen, trocken schleudern und in mundgerechte Stücke zupfen.

2 Die Gurke putzen, waschen und in Scheiben schneiden. Die Paprikaschoten längs halbieren, entkernen, waschen und in Streifen schneiden. Die Möhre putzen, schälen und auf der Gemüsereibe grob raspeln. Die Pilze putzen, trocken abreiben und in Scheiben schneiden. Blattsalate und Gemüse in einer Schüssel mischen.

3 Das Hähnchenfleisch waschen, trocken tupfen und in Streifen schneiden. Das Sesamöl in einer Pfanne erhitzen und das Fleisch darin rundum scharf anbraten. Mit Salz und Pfeffer würzen und mit dem Sesammus mischen.

4 Für die Vinaigrette den Essig mit dem Senf, 1 TL Salz und etwas Pfeffer verrühren. Beide Ölsorten nach und nach unterrühren.

5 Die Walnüsse in einer beschichteten Pfanne ohne Fett goldbraun rösten. Die Vinaigrette mit dem Salat mischen und den Salat auf Teller verteilen. Die Hähnchenstreifen und die Walnüsse darauf anrichten und mit dem Vollkornbrot servieren.

31 g Kohlenhydrate • 20 g Eiweiß • 22 g Fett • 394 kcal / 1646 kJ

Mein Tipp

Dieses Salatrezept lässt der Kreativität freien Lauf, denn alles, was sich an Salat und Gemüse im Kühlschrank findet, kann hier mit hineingemischt werden. Und aufgepeppt mit frisch gerösteten Nüssen oder Kernen wird aus dem Salat ein rundum köstlicher Fitmacher!

Kichererbsensalat klassisch

Zutaten für 4 Personen

250 g getrocknete Kichererbsen (oder 800 g gegarte Kichererbsen; aus der Dose)

1/2 weiße Zwiebel

einige Stiele Petersilie

2 EL Aceto balsamico

Meersalz · Pfeffer aus der Mühle

3 EL Olivenöl

1–2 EL Sesamöl (oder Erdnussöl)

1 Die Kichererbsen über Nacht in kaltem Wasser einweichen. Am nächsten Tag in ein Sieb abgießen, kalt abbrausen und abtropfen lassen. Die Kichererbsen in einem Topf mit 1 1/2 l Wasser aufkochen und bei schwacher Hitze zugedeckt etwa 1 1/2 Stunden garen. Anschließend in ein Sieb abgießen und abtropfen lassen.

2 Zwiebel schälen und in feine Streifen schneiden. Petersilie waschen und trocken schütteln, Blätter abzupfen und fein hacken.

3 Den Essig mit 1 TL Salz und etwas Pfeffer verrühren. Beide Ölsorten nach und nach unterrühren. Kichererbsen mit Zwiebelstreifen, Petersilie und Vinaigrette mischen. Servieren Sie dazu gebratenes Lamm oder Thunfisch aus der Dose (130 g pro Person).

30 g Kohlenhydrate • 11 g Eiweiß • 12 g Fett • 278 kcal / 1162 kJ

Warme Kichererbsen mit Tomaten

Zutaten für 4 Personen

250 g getrocknete Kichererbsen (oder 800 g gegarte Kichererbsen; aus der Dose)

2 rote Zwiebeln

2 Knoblauchzehen · 1 EL Sesamöl

1 Schuss Aceto balsamico

1 kleine Dose Tomaten (400 g)

Meersalz · Pfeffer aus der Mühle

1 Würzwürfel Thymian/Basilikum (aus dem Bioladen)

1 Die Kichererbsen, wie oben beschrieben, über Nacht einweichen und anschließend garen.

2 Die Zwiebeln und den Knoblauch schälen und in feine Würfel schneiden. Das Sesamöl in einer Pfanne erhitzen, Zwiebeln und Knoblauch darin andünsten. Mit dem Essig ablöschen. Die Dosentomaten klein schneiden und dazugeben. Die Sauce mit Salz, Pfeffer und dem Würzwürfel abschmecken und einige Minuten bei mittlerer Hitze köcheln lassen.

3 Die Kichererbsen untermischen und nach Belieben noch gehackte Kräuter unterrühren. Warm servieren. Servieren Sie dazu gebratene Putensteaks oder Tofuschnitzel (130 g pro Person).

33 g Kohlenhydrate • 12 g Eiweiß • 7 g Fett • 248 kcal / 1037 kJ

Hähnchensalat mit Spargel

Zutaten für 4 Personen

500 g Hähnchenbrustfilet

Meersalz · Pfeffer aus der Mühle

1 TL Paprikapulver (edelsüß)

je 1 rote und gelbe Paprikaschote

3 EL Sesamöl (oder Rapsöl)

2 kleine Gläser weiße Spargelspitzen (à 212 g)

1 Rezept »Balsamico-Vinaigrette« (siehe S. 46)

4 Scheiben Vollkornbrot (à 60 g)

4 EL fettarmer Naturjoghurt

1 Das Hähnchenbrustfilet waschen, trocken tupfen und in kleine Stücke schneiden. Mit Salz, Pfeffer und Paprikapulver würzen. Die Paprikaschoten längs halbieren, entkernen, waschen und ebenfalls in kleine Stücke schneiden.

2 Das Sesamöl in einer Pfanne erhitzen und das Hähnchenfleisch darin etwa 4 Minuten rundum knusprig braten.

3 Die Spargelspitzen in ein Sieb abgießen und abtropfen lassen. Mit den Hähnchenstücken und der Paprika mischen.

4 Die Balsamico-Vinaigrette, wie auf S. 46 beschrieben, zubereiten und mit dem Salat mischen. Den Hähnchensalat auf den Brotscheiben anrichten und mit je 1 EL Joghurt garnieren.

28 g Kohlenhydrate • 37 g Eiweiß • 30 g Fett • 535 kcal / 2236 kJ

Zur Spargelsaison bietet es sich natürlich an, frischen Spargel zu verwenden. Das ist zwar etwas aufwendiger, man wird aber mit einer Extraportion Vitalstoffen belohnt. Dafür den frischen Spargel schälen und je nach Geschmack in reichlich Wasser bissfest garen oder in wenig Öl braten. Nach Belieben mit Salz und Pfeffer würzen.

Mein Tipp

Ich koche sehr gern mit Hähnchenbrustfilet: Erstens lässt sich das zarte Fleisch wunderbar vielfältig verwenden und schmeckt in der Regel jedem, auch Kindern. Außerdem ist Hähnchenfleisch eine fettarme Eiweißquelle und somit ideal für alle, die sich gesund und figurbewusst ernähren möchten.

Radicchio mit gebratenem Thunfisch

Zutaten für 4 Personen

Für den Salat:

je 1 Kopf roter und weißer Radicchio

4 Thunfischsteaks (à ca. 200 g)

1 Knoblauchzehe

einige Spritzer Zitronensaft

2 EL Sesamöl

Für die Vinaigrette:

2 EL Aceto balsamico

1 TL Dijon-Senf

1 EL eingelegte Kapern

1 EL eingelegte getrocknete Tomaten

1–2 EL gehackte Petersilie

je 1 EL Erdnuss- und Sesamöl

2 EL Olivenöl

Meersalz · Pfeffer aus der Mühle

Außerdem:

4 Scheiben ital. Weißbrot (à 60 g)

1 Für den Salat den Radicchio putzen, waschen, trocken schleudern und die Salatblätter in mundgerechte Stücke zupfen.

2 Die Thunfischsteaks waschen und trocken tupfen. Den Knoblauch schälen, halbieren und die Steaks damit auf beiden Seiten einreiben. Dann mit Zitronensaft beträufeln. Das Sesamöl in einer Pfanne erhitzen und die Thunfischsteaks darin mit dem Knoblauch auf beiden Seiten scharf anbraten. Die Hitze reduzieren und den Thunfisch zugedeckt etwa 10 Minuten ziehen lassen. Nach Belieben mit Salz und Pfeffer würzen.

3 Inzwischen für die Vinaigrette alle Zutaten in den Küchenmixer geben und cremig pürieren. Die Vinaigrette mit Salz und Pfeffer abschmecken.

4 Den Radicchio auf Teller verteilen, die Thunfischsteaks darauf anrichten und beides mit der Vinaigrette beträufeln. Nach Belieben mit Kräuterblättern und Kapern garnieren und mit dem Weißbrot servieren.

25 g Kohlenhydrate • 34 g Eiweiß • 37 g Fett • 560 kcal / 2341 kJ

Mein Tipp

Optimal ist es, wenn der Thunfisch innen noch leicht rosa ist: Brät man ihn zu lange, wird er trocken. Also beim Braten immer ein Auge darauf werfen. Thunfischsteaks gibt es übrigens auch tiefgekühlt im Supermarkt; diese sind etwas preiswerter als frischer Thunfisch.

Tofu, Seitan & Tempeh

Den Tofu und seine asiatischen Verwandten eint ein gemeinsames Los – sie haben gegen hartnäckige Vorurteile anzukämpfen. Doch wer sie einmal richtig zubereitet für sich entdeckt hat, wird nicht mehr auf sie verzichten wollen. Tatsächlich haben diese Allrounder einen festen Platz auf dem Speiseplan verdient: Sie sind kalorien- und fettarm und liefern dafür viel wertvolles Eiweiß. Ich bin mir sicher, meine Rezepte werden auch Sie überzeugen – denn Tofu schmeckt gut und tut gut!

WISSENSWERTES ÜBER TOFU, SEITAN & TEMPEH

Tofu

Tofu, auch Sojabohnenquark genannt, wird in einem Fermentationsprozess aus weißem Sojabohnenteig hergestellt. Seinen Ursprung hat er in China, wo er schon vor über 2000 Jahren produziert wurde. Tofu an sich schmeckt neutral und eignet sich daher für eine Fülle von Zubereitungsarten. In der asiatischen Küche wird er meist gebraten, geschmort oder in Saucen gegart. Auch für süße Gerichte kann man den schnittfesten Quark gut verwenden. Tofu hat eine Reihe von Vorzügen, z. B.:

- Tofu ist ein erstklassiger Eiweißspender.
- Tofu ist (in gegarter Form) leicht verdaulich, kalorienarm und sättigend.
- Tofu ist einfach in der Verarbeitung und vielseitig einsetzbar.
- Und vor allem: Tofu kann köstlich sein – auch wenn das viele nicht glauben können.

Die wichtigsten Tipps für die Verarbeitung von Tofu:

➤ Tofu vor der Verwendung immer waschen und mit Küchenpapier trocken tupfen.

➤ Tofu immer dünsten, braten oder kochen – roh aus der Packung schmeckt er nicht und ist auch kaum verdaulich.

➤ Tofu kann vor oder nach dem Braten mariniert werden.

➤ Tofu braucht immer ausreichend Gewürze, denn er ist neutral im Geschmack.

➤ Im Bioladen gibt es schon vorgewürzten bzw. verfeinerten Tofu, z. B. mit Kräutern der Provence, Basilikum, Chili oder Nüssen.

➤ Achten Sie beim Kauf von Tofu auf Bioqualität und den Hinweis »ohne Gentechnik«.

Seitan

Seitan ist das japanische Pendant zu Tofu. Er wird aus Weizeneiweiß (Gluten) gewonnen. Dank seiner fleischähnlichen Konsistenz kann er in vielen Gerichten anstelle von Fleisch verwendet werden. Er schmeckt ebenso in Marinade eingelegt und eignet sich gut zum Einfrieren. Seitan punktet mit folgenden Argumenten:

- Seitan versorgt uns mit essenziellen Aminosäuren, zahlreichen Mineralien und Spurenelementen.
- Seitan ist nicht nur kalorienarm, sondern er enthält auch kaum Cholesterin und Fett.
- Seitan ist wie Tofu leicht verdaulich und in der Küche vielseitig einsetzbar – man kann ihn z. B. braten, schmoren oder grillen.

Tempeh

Der in der indonesischen Küche geschätzte Tempeh wird aus gekochten, geschälten Sojabohnen gewonnen. Die Sojabohnen werden nach dem Kochen mit einer Schimmelpilzart beimpft und anschließend etwa 2 Tage lang bebrütet. Dadurch bildet sich ein fester »Kuchen« aus, der fast vollständig mit einem weichen Pelz überzogen ist. Wie Tofu und Seitan hat auch Tempeh viele Vorzüge, die nicht nur Vegetarier und Veganer überzeugen:

- Tempeh ist reich an Eiweiß – er enthält alle acht essenziellen Aminosäuren – sowie Ballaststoffen und eignet sich daher bestens für eine bewusste Ernährung.
- Dank seines milden, leicht nussig-pilzartigen Geschmacks lässt er sich mit vielen anderen Aromen kombinieren.
- Tempeh ist zwar leicht verderblich, lässt sich aber wunderbar einfrieren.

Grundrezepte zu Tofu & Tempeh

Tofu einfach & klassisch

Für 1 Person

200 g Tofu waschen, trocken tupfen und in 1 bis 2 EL Sesamöl auf beiden Seiten 2 Minuten scharf anbraten. Noch heiß in einer Marinade aus Sojasauce, Dijon-Senf, Ume Su (jap. Würzsauce; aus dem Bioladen) oder Salz und nach Belieben Knoblauch ziehen lassen.

Man kann den Tofu auch in einer Marinade aus Sojasauce und Mandelmus ziehen lassen.

Tofu-Snack

Für 1 Person

200 g Tofu (nach Belieben mit Nuss verfeinert) waschen, trocken tupfen und in Würfel schneiden. 1 bis 2 EL Sesamöl in einer Pfanne erhitzen und die Tofuwürfel darin rundum etwa 2 Minuten scharf anbraten.

Tempeh im salzigen Mantel

Für 1 Person

200 g Tempeh waschen, trocken tupfen und in Scheiben schneiden. 1 Ei mit Salz und Pfeffer verquirlen. Die Tempehscheiben darin wenden und in 1 bis 2 EL Sesamöl auf beiden Seiten anbraten, bis das Ei zu stocken beginnt.

Dazu passt ein gemischter Blattsalat oder ein scharfer Chilidip.

Tempeh im süßen Mantel

Für 1 Person

200 g Tempeh waschen, trocken tupfen und in Scheiben schneiden. In 3 EL Sesamsamen, gemahlenen Erdnüssen oder Mandelmus wenden. In 2 EL Sesamöl auf beiden Seiten braten.

Dazu schmeckt Apfel besonders gut.

Tempeh ganz schnell

Für 1 Person

200 g Tempeh waschen, trocken tupfen und in Scheiben schneiden. In 1 bis 2 EL Sesamöl anbraten und mit Ume Su (jap. Würzsauce; aus dem Bioladen) ablöschen.

Passt zu Salat oder als Snack für unterwegs.

Tofuburger mit Polenta

Zutaten für 4 Personen

Meersalz

1 TL Instant-Gemüsebrühe

200 g Polenta (Maisgrieß)

2 Möhren · 400 g Tofu

4 Eier · 2 TL scharfer Senf

2 EL gehackte Petersilie

Pfeffer aus der Mühle

Sesamsamen zum Wenden

ca. 3 EL Sesamöl

100 g fettarmer Naturjoghurt

3 EL mittelscharfer Senf

1 Tube Tomatenmark (200 g)

getrockneter Oregano

Currypulver · Cayennepfeffer

etwas Honig · 4 Vollkornbrötchen

4 große Blätter Eisbergsalat

12 Scheiben Tomate

12 Scheiben Salatgurke

Die Tofumasse ergibt 6 bis 8 Burger. Burger, die übrig bleiben, können Sie einfrieren oder kalt essen. Oder Sie reduzieren die Masse auf 300 g Tofu und 150 g Polenta.

1 In einem Topf 1 l Wasser zum Kochen bringen, 1/2 TL Salz und das Brühpulver dazugeben und die Polenta einrieseln lassen. 2 Minuten unter Rühren kochen, dann bei schwacher Hitze 10 Minuten quellen lassen und etwas abkühlen lassen.

2 Die Möhren putzen, schälen und auf der Gemüsereibe fein raspeln. Den Tofu waschen, trocken tupfen, mit einer Gabel zerdrücken und mit der Polenta mischen. Die Eier, die Möhrenraspel, den scharfen Senf und die Petersilie untermischen und die Burgermasse mit Salz und Pfeffer kräftig würzen.

3 Aus der Masse mit angefeuchteten Händen Burger formen und diese in den Sesamsamen wenden. Das Sesamöl in einer Pfanne erhitzen und die Tofuburger darin auf beiden Seiten anbraten. Dann die Hitze reduzieren und die Burger fertig braten.

4 Den Joghurt mit dem mittelscharfen Senf verrühren, nach Belieben mit Salz und Pfeffer würzen. Das Tomatenmark mit etwas Wasser glatt rühren und mit Oregano, Currypulver, Cayennepfeffer, Salz und Honig abschmecken.

5 Die Vollkornbrötchen aufschneiden. Die Salatblätter waschen und auf den unteren Brötchenhälften verteilen. Je 3 Tomaten- und Gurkenscheiben und die Joghurtsauce darauf verteilen. Je 1 Tofuburger darauflegen, mit dem selbst gemachten Ketchup bestreichen und mit den oberen Brötchenhälften abschließen. Die restlichen Burger anderweitig verwenden (siehe Tipp links).

Dazu passt ein gemischter Blattsalat.

77 g Kohlenhydrate • 32 g Eiweiß • 22 g Fett • 645 kcal / 2696 kJ

Marinierter Tofu mit Gewürzen

Zutaten für 4 Personen

30 g Ingwer · 200 ml Tamari (jap. Sojasauce) · 200 ml Sesamöl

200 ml Mirin (jap. Reiswein)

2 EL gemahlene Kurkuma

2 EL Currypulver

2 TL gemahlener Koriander

2 EL scharfer Dijon-Senf · Meersalz

800 g Tofu · 6–8 EL Sesamöl

1 Am Vortag den Ingwer schälen und fein hacken. Mit Tamari, Sesamöl, Mirin, 200 ml Wasser, den Gewürzen, dem Senf und Salz verrühren. Den Tofu waschen, trocken tupfen und in daumendicke Scheiben schneiden. In der Marinade über Nacht ziehen lassen.

2 Am nächsten Tag den Tofu aus der Marinade nehmen und trocken tupfen. Das Sesamöl in einer Pfanne erhitzen und den Tofu darin rundum scharf anbraten. Servieren Sie dazu einen gemischten Blattsalat oder das Möhrengemüse von S. 81.

Dazu passt Vollkornbaguette.

4 g Kohlenhydrate • 16 g Eiweiß • 20 g Fett • 264 kcal / 1104 kJ

Sesam-Tofuschnitzel mit Salat

Zutaten für 4 Personen

500 g Tofu · 6 EL Sojasauce

1 TL Dijon-Senf · Meersalz

Cayennepfeffer · 2 Eier

6 EL Sesamsamen

2–3 EL Sesamöl

1 Rezept »Gemischter Salat« (siehe S. 52; ohne Hähnchen)

1 Den Tofu waschen, trocken tupfen und in Scheiben schneiden. Sojasauce, Senf, Salz und Cayennepfeffer zu einer Marinade verrühren und die Tofuscheiben darin mindestens 10 Minuten marinieren. Die Tofuscheiben anschließend trocken tupfen.

2 Eier in einem tiefen Teller verquirlen. Sesam in einen zweiten tiefen Teller geben. Tofuscheiben in den Eiern wenden und mit Sesam panieren. Dann im Sesamöl auf beiden Seiten goldbraun braten. Inzwischen den Salat, wie auf S. 52 beschrieben, zubereiten und mit den Tofuschnitzeln auf Tellern anrichten.

Dazu passt Vollkornbaguette.

11 g Kohlenhydrate • 34 g Eiweiß • 37 g Fett • 514 kcal / 2149 kJ

Tofugeschnetzeltes Zürcher Art

Zutaten für 4 Personen

800 g Tofu

4 EL Olivenöl

Meersalz · Pfeffer aus der Mühle

2 TL Paprikapulver (edelsüß)

200 g Vollkornreis · 2 Zwiebeln

3 Knoblauchzehen

500 g Champignons

1/2 Bund Petersilie

1 Schuss Weißwein

3/4 l Gemüsebrühe

160 g Sojasahne

Saft von 1 Zitrone

1/2 TL Reissirup (oder Honig)

1 Den Tofu waschen, trocken tupfen und in mundgerechte Stücke schneiden. 2 EL Olivenöl mit Salz, Pfeffer und dem Paprikapulver verrühren und die Tofustücke damit marinieren.

2 In einem Topf 600 ml Wasser mit 1/2 TL Salz aufkochen und den Reis darin bei schwacher Hitze etwa 20 Minuten garen. Die Zwiebeln und den Knoblauch schälen und in feine Würfel schneiden. Die Champignons putzen, trocken abreiben und je nach Größe halbieren oder vierteln. Die Petersilie waschen und trocken schütteln, die Blätter abzupfen und fein hacken.

3 Das restliche Öl in einer Pfanne erhitzen, Zwiebeln und Knoblauch darin leicht braun braten. Den Tofu dazugeben und 4 Minuten mitbraten. Mit dem Weißwein ablöschen, die Gemüsebrühe angießen und etwas einköcheln lassen. Dann die Sojasahne dazugeben und ebenfalls leicht einköcheln lassen. Champignons und Petersilie hinzufügen und das Geschnetzelte zugedeckt weitere 3 Minuten köcheln lassen. Mit Salz, Pfeffer, Zitronensaft und Reissirup abschmecken. Mit dem Reis und einem gemischten Blattsalat servieren.

47 g Kohlenhydrate • 25 g Eiweiß • 23 g Fett • 502 kcal / 2098 kJ

Wissenswertes über Pilze:
Wahre Pilzliebhaber freuen sich auf den Herbst, wenn die Pilze nur so aus dem Boden schießen. Für alle anderen gibt es zum Glück Zuchtpilze, die man das ganze Jahr über kaufen kann. Pilze übrigens niemals waschen: Sie saugen sich sonst mit Wasser voll und verlieren dadurch an Aroma.

Mein Tipp

Die Kombination aus Tofu und Champignons hat es im wahrsten Sinne in sich: Mit ihrem Mix aus Eiweiß, Vitaminen und Mineralstoffen bringt sie den Körper auf Trab, sorgt für ein starkes Immunsystem und für gute Nerven. Und das alles, ohne das Kalorienkonto zu stark zu belasten!

Tofupfanne allerlei

Zutaten für 4 Personen

Meersalz · 200 g Couscous

1 Zwiebel

2 Knoblauchzehen

1 Stange Lauch

2 kleine Zucchini

1 gelbe Paprikaschote

150 g Cocktailtomaten

100 g Kichererbsen (aus der Dose)

400 g Tofu (natur oder mit Gemüse verfeinert)

Pfeffer aus der Mühle

Paprikapulver (edelsüß)

2–3 EL Olivenöl

je 1/8 l Gemüsebrühe und Weißwein (oder nur Brühe)

3–4 EL Sojasahne

1 In einem Topf 1 l Wasser zum Kochen bringen, 1/2 TL Salz dazugeben und den Couscous einrieseln lassen. Bei schwacher Hitze etwa 10 Minuten köcheln lassen.

2 Die Zwiebel und den Knoblauch schälen und in feine Würfel schneiden. Den Lauch und die Zucchini putzen, waschen und in feine Ringe bzw. dicke Stifte schneiden. Die Paprika längs halbieren, entkernen, waschen und in Stücke schneiden. Die Cocktailtomaten waschen und halbieren. Die Kichererbsen auf einem Sieb abtropfen lassen.

3 Den Tofu waschen, trocken tupfen und in etwa 2 cm große Stücke schneiden. Mit Salz, Pfeffer und Paprikapulver würzen.

4 Das Olivenöl in einer großen Pfanne erhitzen, Zwiebel, Knoblauch und Tofustücke darin anbraten. Lauch, Zucchini und Paprika dazugeben und etwa 4 Minuten mitbraten. Die Kichererbsen und die Tomaten hinzufügen. Die Gemüsebrühe und den Weißwein angießen. Die Tofupfanne bei schwacher Hitze etwa 5 Minuten köcheln lassen. Mit Salz, Pfeffer und Sojasahne abschmecken. Die Tofupfanne mit dem Couscous anrichten.

48 g Kohlenhydrate • 18 g Eiweiß • 15 g Fett • 425 kcal / 1777 kJ

Je nach Saison und Geschmack können Sie die Tofupfanne auch mit anderen Gemüsesorten, wie z. B. Möhren und Zuckerschoten, zubereiten. Einen orientalischen Touch bekommt das Gericht, wenn Sie es zusätzlich mit Ras-el-Hanout oder Harissa würzen.

Mein Tipp

Tofu, das pflanzliche Eiweißwunder aus Sojabohnen, ist so wertvoll wie ein kleines Steak. Zusammen mit dem frischen Gemüse, das vor Vitaminen, Mineralstoffen und Spurenelementen nur so strotzt, wird daraus eine rundum gesunde Sache, die nicht nur guttut, sondern auch gut schmeckt!

Seitangulasch mit Zucchini

Zutaten für 4 Personen

3 große Möhren · 3 Zucchini

2 rote Paprikaschoten

2 Zwiebeln · 4 Knoblauchzehen

20 g Ingwer · 500 g Seitan

2 EL Sesamöl

3 EL Ume Su (jap. Würzsauce; aus dem Bioladen; oder Meersalz)

1 EL gemahlene Kurkuma

1 TL Currypaste (oder Currypulver)

2 Lorbeerblätter

7 Wacholderblätter

1/2 l Gemüsebrühe

800 g festkochende Kartoffeln

Meersalz

250 g Sojasahne · 1 EL Reissirup

1 TL Tamarindenmus

1 Die Möhren putzen, schälen und in Stifte schneiden. Die Zucchini putzen, waschen und in Streifen schneiden. Die Paprikaschoten längs halbieren, entkernen, waschen und ebenfalls in Streifen schneiden. Die Zwiebeln und den Knoblauch schälen und in feine Würfel schneiden. Den Ingwer schälen und fein reiben. Den Seitan waschen, trocken tupfen und in Stücke schneiden.

2 Das Sesamöl in einem großen Topf erhitzen und Zwiebeln, Knoblauch, Ingwer und Seitanstücke darin anbraten. Das Gemüse dazugeben und kurz mitbraten.

3 Die Würzsauce und die Gewürze hinzufügen und ebenfalls kurz anbraten. Die Gemüsebrühe angießen und das Gulasch zugedeckt bei schwacher Hitze etwa 20 Minuten köcheln lassen. Inzwischen die Kartoffeln waschen und in kochendem Salzwasser etwa 25 Minuten garen. Abgießen, abdampfen lassen und pellen.

4 Die Sojasahne, den Reissirup und das Tamarindenmus zum Gulasch geben und alles noch einige Minuten weiterköcheln lassen. Das Gulasch mit den Kartoffeln servieren.

52 g Kohlenhydrate • 38 g Eiweiß • 29 g Fett • 626 kcal / 2617 kJ

Wer Tamarinde nicht kennt, hat etwas verpasst. Die Gewürzpaste afrikanischen Ursprungs hat einen Geschmack, der mit nichts zu vergleichen ist: süß und sauer zugleich. In der Küche ist Tamarinde vielseitig einsetzbar. Man bekommt sie in Asien- oder Bioläden.

Mein Tipp

Seitan ist eine wunderbare Alternative zu Fleisch. Er ist extrem fettarm (nur 1 % Fett), dafür reich an hochwertigem Eiweiß (etwa 25 %). Allerdings sollten Glutenallergiker auf den Genuss von Seitan verzichten, da er aus Weizeneiweiß hergestellt wird.

»Tofu-Bolognese« mit Gemüse

Zutaten für 4 Personen

500 g Tofu (natur oder mit Basilikum oder Chili verfeinert)

2 weiße Zwiebeln

4 Knoblauchzehen

3 große Möhren

1/2 Sellerieknolle

2 EL Sesamöl

1 TL Kräuter der Provence

Meersalz · 1 Schuss Weißwein

2 EL Instant-Gemüsebrühe

2 Dosen Tomaten (à 400 g)

4 EL Aceto balsamico

200 g Spaghetti

Sie können die Bolognese-Sauce auch mit Sojagranulat zubereiten. Dafür das Granulat nach Packungsanweisung kochen und abtropfen lassen.

1 Den Tofu waschen, trocken tupfen und mit einer Gabel krümelig zerdrücken. Die Zwiebeln und den Knoblauch schälen und in feine Würfel schneiden. Die Möhren und den Sellerie putzen, schälen und auf der Gemüsereibe fein raspeln.

2 Das Sesamöl in einer großen Pfanne erhitzen, Zwiebeln, Knoblauch und nach Belieben 2 klein geschnittene Chilischoten darin andünsten. Den Tofu dazugeben und scharf anbraten. Mit Kräutern der Provence und Salz würzen und unter Rühren etwa 5 Minuten weiterbraten.

3 Die Gemüseraspel hinzufügen und weitere 2 Minuten braten. Mit Weißwein ablöschen und den Wein einkochen lassen. Das Brühpulver in etwas heißem Wasser auflösen und zum Tofu geben.

4 Die Dosentomaten mit dem Essig ebenfalls dazugeben. Die Sauce zugedeckt bei schwacher Hitze mindestens 20 Minuten köcheln lassen.

5 Inzwischen die Spaghetti nach Packungsanweisung in reichlich kochendem Salzwasser bissfest garen. In ein Sieb abgießen und abtropfen lassen. Die Tofu-Bolognese nach Belieben noch einmal mit Salz abschmecken, mit den Spaghetti und einem gemischten Blattsalat servieren.

48 g Kohlenhydrate • 21 g Eiweiß • 13 g Fett • 400 kcal / 1672 kJ

Mein Tipp

Mit dieser Sauce bolognese habe ich schon oft all jene Gäste hinters Licht geführt, die immer sagen: »Ich mag keinen Tofu.« »Und, schmeckt's?«, frage ich dann. Die Reaktion ist immer: »Ja, das ist echt eine gute Bolognese, die du da machst.« Natürlich lüfte ich dann mein Geheimnis.

Seitanspieße mit Kräuterquark

Zutaten für 4 Personen

Meersalz

200 g Schnellkoch-Hirse

500 g Seitan

2 TL Paprikapulver (edelsüß oder rosenscharf)

2 rote Paprikaschoten

8 Champignons

2 weiße Zwiebeln

Olivenöl zum Beträufeln

ca. 3 EL Sesamöl

2 EL gehackte gemischte Kräuter

1 Rezept »Kräuterquark« (siehe S. 33)

1 In einem Topf 1 l Wasser zum Kochen bringen, 1/2 TL Salz dazugeben und die Hirse einrieseln lassen. Bei schwacher Hitze etwa 15 Minuten köcheln lassen.

2 Den Seitan waschen, trocken tupfen und in mundgerechte Stücke schneiden. Mit Salz und Paprikapulver einreiben.

3 Die Paprikaschoten längs halbieren, entkernen, waschen und ebenfalls in mundgerechte Stücke schneiden. Die Champignons putzen, trocken abreiben und nach Belieben halbieren oder vierteln. Die Zwiebeln schälen und in Stücke schneiden.

4 Das Gemüse und die Pilze abwechselnd mit den Seitanstücken auf Spieße stecken. Die Spieße mit Salz würzen und mit Olivenöl beträufeln. Das Sesamöl in einer Pfanne erhitzen und die Seitanspieße darin rundum braten. Mit den Kräutern bestreuen.

5 Den Kräuterquark, wie auf S. 33 beschrieben, zubereiten. Die Seitanspieße mit dem Kräuterquark und der Hirse servieren.

47 g Kohlenhydrate • 44 g Eiweiß • 8 g Fett • 441 kcal / 1843 kJ

Wer mag, kann die Seitanstücke zusätzlich mit Chilipulver einreiben – das verleiht den Spießen eine feurige Note.

Mein Tipp

Dieses Gericht ist bei meiner kleinen Tochter und ihren Freunden sehr beliebt, denn die Kinder können hier schon richtig kreativ sein und sich die Spieße selbst ganz nach ihrem Geschmack zusammenstellen. Nachher den Stolz in den Kinderaugen zu sehen, das macht mich glücklich.

Pasta, Gemüse & Co.

Power auf die Schnelle: Mit Nudeln liegt man immer richtig – kaum einer, der diese Satt- und Glücklichmacher nicht liebt! Zugegeben, einen Nachteil haben Nudeln: Sie enthalten viele Kohlenhydrate. Wenn man aber zu Vollkornnudeln greift und diese mit Gemüse und wertvollen Eiweißlieferanten wie Tofu oder Fisch kombiniert, bringt man Fitness pur auf den Teller. Dann können Sie doppelt profitieren: Sie haben gute Laune und eine schlanke Linie.

Penne mit Gemüsesauce und Hüttenkäse

Zutaten für 4 Personen

2 Zwiebeln · 4 Knoblauchzehen

3 Möhren · 2 große Zucchini

je 2 gelbe und rote Paprikaschoten

3 EL Sesamöl

Meersalz · Chilipulver

getrockneter Oregano

getrockneter Thymian

2 TL Aceto balsamico

1/8 l Gemüsebrühe

500 g Vollkorn-Penne

1 kg passierte Tomaten (aus dem Tetrapak)

Tomatenmark zum Binden

300 g Hüttenkäse

40 g geriebener Parmesan

Alternativ können Sie den Hüttenkäse auch unter die Gemüsesauce mischen.
Diese Sauce können Sie prima auf Vorrat kochen: einfach pürieren (ohne Hüttenkäse) und tiefkühlen.
Die Gemüsesauce passt auch bestens zu Thunfisch.

1 Die Zwiebeln und den Knoblauch schälen und in feine Würfel schneiden. Die Möhren und die Zucchini putzen, schälen bzw. waschen und in Stücke schneiden. Die Paprikaschoten längs halbieren, entkernen, waschen und ebenfalls in Stücke schneiden.

2 Das Sesamöl in einem Topf erhitzen, Zwiebeln, Knoblauch und Möhren darin andünsten. Das restliche Gemüse dazugeben und unter Rühren 2 Minuten mitdünsten. Mit Salz, Chilipulver, Oregano, Thymian und Essig abschmecken und mit der Gemüsebrühe ablöschen. Bei schwacher Hitze 10 Minuten köcheln lassen.

3 Inzwischen die Vollkorn-Penne nach Packungsanweisung in reichlich kochendem Salzwasser bissfest garen. In ein Sieb abgießen und abtropfen lassen.

4 Die passierten Tomaten zum Gemüse geben und alles weitere 5 Minuten köcheln lassen. Nach Belieben nochmals mit Salz und Chilipulver abschmecken. Mit Tomatenmark binden, bis die gewünschte Konsistenz erreicht ist.

5 Die Vollkornnudeln mit der Gemüsesauce in Pastatellern anrichten und den Hüttenkäse darauf verteilen. Mit dem Parmesan bestreut servieren.

91 g Kohlenhydrate • 34 g Eiweiß • 18 g Fett • 678 kcal / 2834 kJ

Mein Tipp

Bei diesem Gericht ist es sehr wichtig, dass Sie einen guten Eiweißlieferanten dazu kombinieren, z. B. Hüttenkäse oder Thunfisch. Sonst nimmt man fast nur Kohlenhydrate zu sich – das macht müde und rasch wieder hungrig und lässt Sie deshalb schneller wieder zunehmen.

Spaghetti mit Garnelen-Tomaten-Sauce

Zutaten für 4 Personen

1 Zwiebel · 4 Knoblauchzehen

3 EL Olivenöl

2 EL Aceto balsamico

1 große Dose Tomaten (800 g)

Meersalz · Pfeffer aus der Mühle

getrockneter Oregano und Thymian

500 g Spaghetti

250 g kleine Garnelen (in Lake)

1/2 Bund gehacktes Basilikum

1 Die Zwiebel und den Knoblauch schälen und in feine Würfel schneiden. In einer Pfanne 1 EL Olivenöl erhitzen, Zwiebel und Knoblauch darin andünsten. Mit dem Essig ablöschen.

2 Die Tomaten klein schneiden und dazugeben. Mit Salz, Pfeffer und getrockneten Kräutern würzen und bei schwacher Hitze etwa 10 Minuten köcheln lassen.

3 Inzwischen die Spaghetti nach Packungsanweisung in reichlich kochendem Salzwasser bissfest garen. In ein Sieb abgießen und abtropfen lassen.

4 Die Garnelen abtropfen lassen und im restlichen Öl auf beiden Seiten anbraten. Mit dem Basilikum zur Tomatensauce geben und die Spaghetti mit der Sauce in Pastatellern anrichten.

96 g Kohlenhydrate • 29 g Eiweiß • 14 g Fett • 635 kcal / 2654 kJ

Spaghetti aglio e olio

Zutaten für 4 Personen

500 g Spaghetti · Meersalz

8 Knoblauchzehen

5 getrocknete Chilischoten

1/8 l Olivenöl

ca. 2 EL Pinienkerne

1 Würzwürfel Thymian/Basilikum (aus dem Bioladen)

50 g geriebener Parmesan

1 Die Spaghetti nach Packungsanweisung in reichlich kochendem Salzwasser bissfest garen. Inzwischen den Knoblauch schälen. Die Chilischoten im Mörser fein zermahlen.

2 Das Olivenöl in einer großen Pfanne oder in einem Topf bei mittlerer Hitze erwärmen und die Pinienkerne darin goldbraun rösten. Den Knoblauch durch die Presse dazudrücken, Chilischoten, Salz und den Würzwürfel dazugeben. Die Nudeln in ein Sieb abgießen und sofort mit dem Knoblauchöl mischen. In Pastatellern anrichten und mit Parmesan bestreuen. Servieren Sie dazu noch gebratene Garnelen oder Thunfisch (140 g pro Person).

91 g Kohlenhydrate • 22 g Eiweiß • 38 g Fett • 802 kcal / 3352 kJ

Vollkorn-Penne mit Pesto-Tofu-Sauce

Zutaten für 4 Personen

500 g Tofu

2 Zwiebeln

2–4 Knoblauchzehen

1/8 l Olivenöl

3 EL Pinienkerne

3 Bund Basilikum

500 g Vollkorn-Penne

Meersalz

50 g geriebener Parmesan

Pfeffer aus der Mühle

1 Den Tofu waschen, trocken tupfen und mit einer Gabel zerdrücken. Die Zwiebeln und den Knoblauch schälen und in feine Würfel schneiden. 2 EL Olivenöl in einer Pfanne erhitzen und die Zwiebeln, den Knoblauch, den Tofu und die Pinienkerne darin anbraten. Das Basilikum waschen und trocken schütteln, die Blätter abzupfen.

2 Die Vollkorn-Penne nach Packungsanweisung in reichlich kochendem Salzwasser bissfest garen. Den Tofu mit Zwiebeln, Knoblauch, Pinienkernen, Basilikum und etwas Öl mit dem Stabmixer fein pürieren. Den Parmesan dazugeben, alles noch einmal kurz pürieren. Das restliche Olivenöl und 1/4 l Wasser nach und nach dazugeben und untermixen. Das Pesto mit Salz und Pfeffer kräftig abschmecken.

3 Die Vollkornnudeln in ein Sieb abgießen, dabei 2 bis 3 EL Kochwasser im Topf belassen. Die Nudeln zurück in den Topf geben und mit dem Pesto vermischen. In Pastatellern anrichten und nach Belieben mit Basilikum garniert servieren.

82 g Kohlenhydrate • 34 g Eiweiß • 41 g Fett • 840 kcal / 3511 kJ

Wissenswertes über Vollkorn-Pasta:
Vollkornnudeln werden aus Mehl der Type 1700 hergestellt, das die Bestandteile des ganzen Korns enthält. Sie schmecken deshalb herzhafter als helle Nudeln, und mit ihrem hohen Ballaststoffgehalt machen sie lang anhaltend satt. Wer es nicht so kernig mag, nimmt Nudeln aus Mehl der Type 1050.

Mein Tipp

Bitte werfen Sie die Flinte nicht vorschnell ins Korn, wenn Vollkornnudeln bei Ihren Lieben nicht so gut ankommen. An den kernigeren Biss gewöhnt man sich schnell, und inzwischen gibt es so viele Sorten, dass bestimmt auch eine dabei ist, die Ihnen und Ihrer Familie schmeckt.

Quark-Lasagne mit Spinat

Zutaten für 4 Personen

450 g tiefgekühlter Blattspinat

5 Knoblauchzehen

3 EL Olivenöl · Meersalz

frisch geriebene Muskatnuss

1 kleine Zwiebel

2 kleine Dosen Tomaten (à 400 g)

Pfeffer aus der Mühle

1 EL Aceto balsamico

1 EL getrockneter Oregano

2 EL Tomatenmark

500 g Magerquark

4 EL Mineralwasser

100 g Parmesan

220 g fettarmer Mozzarella

Fett für die Form

250 g Vollkorn-Lasagneblätter

1 Den Spinat in wenig Wasser etwa 4 Minuten garen. Den Knoblauch schälen und in feine Würfel schneiden. 1 EL Olivenöl in einer Pfanne erhitzen, 2 Knoblauchzehen darin andünsten. Den Spinat dazugeben, kurz mitdünsten und mit Salz und Muskatnuss kräftig würzen.

2 Die Zwiebel schälen und in feine Würfel schneiden. Das restliche Öl in einem Topf erhitzen und die Zwiebel und den restlichen Knoblauch darin andünsten. Die Dosentomaten dazugeben und offen etwas einköcheln lassen. Mit Salz, Pfeffer, Essig und Oregano abschmecken und mit dem Tomatenmark binden.

3 Den Quark mit dem Mineralwasser glatt rühren. Den Parmesan fein reiben, mit dem Quark mischen und mit Salz und Pfeffer würzen. Den Mozzarella in Scheiben schneiden.

4 Den Backofen auf 200 °C vorheizen. Eine ofenfeste Form einfetten. Die Lasagneblätter, die Tomatensauce, die Quarkmasse und den Spinat abwechselnd in die Form schichten. Die Lasagne mit einer Lage Nudeln, bestrichen mit etwas Tomatensauce, abschließen und mit dem Mozzarella belegen. Die Lasagne im Backofen auf der mittleren Schiene etwa 45 Minuten garen.

49 g Kohlenhydrate • 49 g Eiweiß • 29 g Fett • 666 kcal / 2784 kJ

Sie können die Lasagne zur Abwechslung mit der »Tofu-Bolognese« von S. 69 zubereiten. Dann bitte nur 200 g Magerquark und 75 g Parmesan verwenden. Die Lasagne schmeckt auch kalt ganz wunderbar.

Mein Tipp

Die Lasagne braucht, wie jedes andere Lasagnerezept auch, etwas mehr Zubereitungszeit und steht nicht in 20 Minuten auf dem Tisch. Aber der herrliche Geschmack entschädigt für den größeren Aufwand. Dazu dann noch ein gutes Glas Rotwein – und der Abend ist perfekt!

Bandnudeln mit Thunfischsauce

Zutaten für 4 Personen

2 Zwiebeln

3 Knoblauchzehen

2 EL Olivenöl

500 g passierte Tomaten (aus dem Tetrapak)

1 kleines Glas eingelegte Kapern

2 TL getrockneter Oregano

500 g Bandnudeln

Meersalz

2 EL Tomatenmark

2 EL Aceto balsamico

Pfeffer aus der Mühle

1/2 TL Cayennepfeffer

480 g Thunfisch (aus der Dose; in Wasser)

2–3 EL gehackte Petersilie

1 Die Zwiebeln und den Knoblauch schälen und in feine Würfel schneiden. Das Olivenöl in einer Pfanne erhitzen und Zwiebeln und Knoblauch darin andünsten.

2 Die Tomaten, die abgetropften Kapern und den Oregano dazugeben und die Sauce bei schwacher Hitze 5 bis 10 Minuten köcheln lassen.

3 Inzwischen die Bandnudeln nach Packungsanweisung in reichlich kochendem Salzwasser bissfest garen.

4 Das Tomatenmark unter die Sauce rühren und die Sauce mit dem Essig, Salz, Pfeffer und Cayennepfeffer pikant abschmecken. Den Thunfisch auf einem Sieb abtropfen lassen, mit einer Gabel zerkleinern und mit der Petersilie unter die Sauce mischen.

5 Die Nudeln in ein Sieb abgießen, abtropfen lassen und mit der Thunfischsauce mischen. In Pastatellern anrichten. Dazu können Sie einen gemischten Blattsalat servieren.

94 g Kohlenhydrate • 50 g Eiweiß • 5 g Fett • 636 kcal / 2658 kJ

Ein echter Küchenklassiker, der ruck, zuck! gemacht ist und dem die Kapern einen überraschenden Kick geben. Nudeln, Tomatensugo und Thunfisch sollten Sie immer im Haus haben, falls unerwartet Gäste kommen.
Die Thunfischsauce eignet sich auch bestens als Aufstrich für geröstete Baguettescheiben.

Mein Tipp

Thunfisch ist ein guter Lieferant für die wertvollen Omega-3-Fettsäuren und sollte daher regelmäßig auf Ihrem Speiseplan stehen. Bei Thunfisch aus der Dose nehme ich Fisch, der in Wasser eingelegt ist – denn bei in Öl eingelegtem Thunfisch ist das verwendete Öl meist nicht hochwertig genug.

Möhrengemüse mit Kräuterquark

Zutaten für 4 Personen

5 Möhren

1 kleine Sellerieknolle

2–3 EL Sesamöl

1 Rezept »Kräuterquark« (siehe S. 33)

Meersalz (oder Ume Su; jap. Würzsauce; aus dem Bioladen)

2 EL gehackte Petersilie

1 Die Möhren und den Sellerie putzen, schälen und in mundgerechte Stücke schneiden.

2 Das Sesamöl in einer großen Pfanne erhitzen und das Gemüse darin unter gelegentlichem Rühren bei schwacher Hitze 20 bis 30 Minuten braten.

3 In der Zwischenzeit den Kräuterquark, wie auf S. 33 beschrieben, zubereiten.

4 Das Möhrengemüse mit Salz würzen, mit der Petersilie bestreuen und mit dem Kräuterquark anrichten.

Dazu passen Pellkartoffeln.

9 g Kohlenhydrate • 11 g Eiweiß • 7 g Fett • 145 kcal / 606 kJ

Kürbisgemüse mit Pastinaken

Zutaten für 4 Personen

300 g Pastinaken

1 kleiner Hokkaidokürbis (ca. 500 g)

2–3 EL Sesamöl

Meersalz (oder Ume Su; jap. Würzsauce; aus dem Bioladen)

1 Die Pastinaken putzen, schälen und in mundgerechte Stücke schneiden. Den Kürbis waschen, vierteln und die Kerne entfernen. Das Fruchtfleisch ebenfalls in Stücke schneiden.

2 Das Sesamöl in einer Pfanne erhitzen und die Gemüsestücke darin unter gelegentlichem Rühren bei schwacher Hitze etwa 20 Minuten braten. Das Gemüse mit Salz würzen. Servieren Sie dazu gebratenen Tofu (200 g pro Person) oder kurz gebratenes Fleisch (130 g pro Person).

7 g Kohlenhydrate • 2 g Eiweiß • 7 g Fett • 98 kcal / 410 kJ

Gefülltes Gemüse mit Quinoa

Zutaten für 4 Personen

ca. 640 ml Gemüsebrühe

320 g Quinoa

1 dicker Zucchino

Meersalz · 2 kleine Auberginen

4 große Tomaten

Pfeffer aus der Mühle

2 Zwiebeln · 3 Knoblauchzehen

2 Möhren · 1 Bund Petersilie

200 g fettarmer Käse (z. B. Edamer)

2 EL Olivenöl

150–200 g fettarmer Naturjoghurt

Fett für die Form

Quinoa stammt aus Peru. Die senfkorngroßen Samen haben eine getreideähnliche Zusammensetzung. Sie enthalten allerdings kein Gluten und können daher bedenkenlos von all jenen gegessen werden, die an einer Unverträglichkeit dieses Getreideeiweißes leiden. Achten Sie beim Kauf von Gemüsebrühe darauf, dass keine Geschmacksverstärker und Aromen zugesetzt sind – sie wirken sich negativ auf unseren natürlichen Geschmackssinn aus.

1 Die Gemüsebrühe in einem Topf aufkochen und den Quinoa einrieseln lassen. Bei schwacher Hitze etwa 20 Minuten garen.

2 Inzwischen den Zucchino putzen und waschen, in 4 Stücke schneiden und mit einem Kugelausstecher aushöhlen, das Innere beiseitelegen. Zucchinistücke in kochendem Salzwasser 2 Minuten blanchieren.

3 Die Auberginen putzen, waschen und längs halbieren. Das Fruchtfleisch mit einem Teelöffel entfernen. Die Tomaten waschen. Von jeder Tomate einen flachen Deckel abschneiden und mit einem Teelöffel aushöhlen. Tomaten innen und außen mit Salz und Pfeffer würzen.

4 Die Zwiebeln und den Knoblauch schälen und in feine Würfel schneiden. Die Möhren putzen, schälen und in kleine Würfel schneiden. Zucchinifleisch und Tomatendeckel klein schneiden. Die Petersilie waschen und trocken schütteln, die Blätter abzupfen und fein hacken. Den Käse fein reiben.

5 Den Backofen auf 200 °C vorheizen. Das Olivenöl in einer Pfanne erhitzen und Zwiebeln, Knoblauch und Möhren darin etwa 4 Minuten braten. Mit Petersilie, klein geschnittenem Zucchino und Tomaten, Käse und Joghurt mischen. Quinoa untermischen und die Masse kräftig mit Salz und Pfeffer würzen.

6 Das Gemüse mit der Quinoamasse füllen und in eine gefettete ofenfeste Form geben. Im Backofen auf der mittleren Schiene etwa 20 Minuten garen.

61 g Kohlenhydrate • 30 g Eiweiß • 19 g Fett • 538 kcal / 2249 kJ

Paprikagemüse mit Vollkornreis

Zutaten für 4 Personen

je 2 rote, gelbe und orangefarbene Paprikaschoten

2 Zwiebeln · 2 Knoblauchzehen

Meersalz · 240 g Vollkornreis

3–4 EL Olivenöl

3 Zweige Rosmarin

50 g Tomatenmark

2 EL Sojasauce

200 g Hüttenkäse

1 Die Paprikaschoten längs halbieren, entkernen, waschen und in Stücke schneiden. Die Zwiebeln und den Knoblauch schälen und in feine Würfel schneiden.

2 In einem Topf 3/4 l Wasser zum Kochen bringen, 1/2 TL Salz dazugeben und den Vollkornreis darin bei schwacher Hitze etwa 20 Minuten garen.

3 Inzwischen das Olivenöl in einer großen Pfanne erhitzen und Zwiebeln und Knoblauch darin andünsten. Die Paprikastücke dazugeben und bei schwacher Hitze etwa 10 Minuten garen.

4 Den Rosmarin waschen und trocken schütteln, die Nadeln abzupfen und hacken. Mit dem Tomatenmark und der Sojasauce zum Paprikagemüse geben und das Gemüse mit Salz würzen.

5 Reis mit dem Paprikagemüse auf Teller verteilen und den Hüttenkäse darauf anrichten. Oder statt Hüttenkäse kurz gebratenes Fleisch (z. B. Putenschnitzel; 130 g pro Person) dazu servieren.

58 g Kohlenhydrate • 15 g Eiweiß • 13 g Fett • 416 kcal / 1739 kJ

Reis kochen – so geht's:
Zum Reiskochen benötigt man je nach Reissorte doppelt bis 3-mal so viel Wasser wie Reis, d. h., wer 100 g Reis kochen möchte, nimmt 200 bis 300 ml Wasser. Das Wasser lässt man in einem Topf aufkochen, gibt dann etwa 1/2 TL Salz dazu und lässt erst jetzt den Reis unter Rühren einrieseln. Einmal aufkochen und bei schwacher Hitze ohne Rühren bissfest garen.

Mein Tipp

Da Vollkornreis nicht jedermanns Sache ist, können Sie auch Parboiled-Reis verwenden. Das ist geschälter Reis, bei dem durch ein spezielles Verfahren die Vitamine und Mineralstoffe, die sonst beim Schälen verloren gehen würden, mithilfe von Dampf in den Kern des Reiskorns gedrückt werden.

Gemüse-Amarant mit Käse

Zutaten für 4 Personen

je 1 rote und gelbe Paprikaschote

1 Möhre

1 Zwiebel

2 Knoblauchzehen

1 Bund Petersilie

200 g tiefgekühlte Erbsen

2 EL Olivenöl

1 kleine Dose Tomaten (400 g)

600 ml Gemüsebrühe

250 g Amarant

Meersalz · Pfeffer aus der Mühle

50 g fettarmer Käse (z. B. Edamer)

1 Die Paprikaschoten längs halbieren, entkernen, waschen und in Stücke schneiden. Die Möhre putzen, schälen und in Scheiben schneiden. Die Zwiebel und den Knoblauch schälen und in feine Würfel schneiden. Die Petersilie waschen und trocken schütteln, die Blätter abzupfen und fein hacken.

2 Die Erbsen in kochendem Wasser etwa 7 Minuten garen, in ein Sieb abgießen und abtropfen lassen. Das Olivenöl in einem großen Topf erhitzen und die Zwiebel und den Knoblauch darin andünsten. Die Paprikaschoten, die Möhre und die Erbsen dazugeben und kurz mitdünsten. Die Dosentomaten klein schneiden und mit der Brühe hinzufügen. Den Amarant dazugeben und alles bei schwacher Hitze etwa 45 Minuten köcheln lassen. Mit Salz und Pfeffer abschmecken.

3 Den Käse fein reiben. Gemüse-Amarant auf Teller verteilen und mit der Petersilie und dem geriebenen Käse bestreuen. Dazu können Sie gebratene Putenschnitzel (130 g pro Person) oder den Kräuterquark von S. 33 servieren.

49 g Kohlenhydrate • 19 g Eiweiß • 16 g Fett • 422 kcal / 1764 kJ

Für eine schnellere Variante nehmen Sie statt Amarant Schnellkoch-Hirse oder Couscous. Dann brauchen Sie für die Zubereitung nur 15 bis 20 Minuten.

Mein Tipp

Amarant ist reich an Eiweiß, Ballast- und Mineralstoffen wie Kalzium, Magnesium, Eisen und Zink. Er ist glutenfrei und deshalb vor allem für Allergiker geeignet, die sonst kaum Getreide essen können. Beim Kochen entfaltet er einen nussigen Geruch und schmeckt herrlich aromatisch.

Gemüsecurry mit Couscous

Zutaten für 4 Personen

2 große Zwiebeln

3 Knoblauchzehen · 4 Möhren

2 rote Paprikaschoten · 2 Zucchini

2 Tomaten · 15 g Ingwer

2–3 EL Sesamöl

1 kleine Dose Kichererbsen

100 g getrocknete Aprikosen

100 g Rosinen

1/2 TL Safranfäden (in wenig heißem Wasser aufgelöst)

abgeriebene Schale von 2 unbehandelten Zitronen

je 1/2 TL gemahlener Kreuzkümmel, gemahlener Koriander und Cayennepfeffer

Meersalz · Pfeffer aus der Mühle

1 TL Butter · 200 g Couscous

Zur Abwechslung können Sie das Curry auch einmal mit 500 g Hähnchenbrustfilet zubereiten. Dann kommen Sie mit etwa zwei Drittel des Gemüses aus. Das Fleisch in mundgerechte Stücke schneiden und bereits mit Zwiebeln und Knoblauch anbraten.

1 Die Zwiebeln und den Knoblauch schälen und in feine Streifen schneiden. Die Möhren putzen und schälen, die Paprikaschoten längs halbieren, entkernen und waschen. Die Zucchini putzen und waschen, die Tomaten waschen und vierteln, dabei die Stielansätze entfernen. Alle Gemüsesorten in Streifen schneiden. Den Ingwer schälen und fein reiben.

2 Das Sesamöl in einer großen Pfanne oder im Wok erhitzen, Zwiebeln und Knoblauch darin andünsten. Die Möhren und den Ingwer dazugeben und etwa 3 Minuten mitdünsten.

3 Dann die Paprikaschoten, die Zucchini und die Tomaten hinzufügen und kurz mitdünsten. Die Kichererbsen abtropfen lassen und mit dem Trockenobst und allen Gewürzen dazugeben. Etwas Wasser dazugießen und weitere 5 Minuten köcheln lassen. Zum Schluss mit Salz und Pfeffer abschmecken.

4 Inzwischen 1 l Wasser zum Kochen bringen, 1/2 TL Salz und die Butter dazugeben. Den Couscous unter Rühren einrieseln lassen und 10 Minuten köcheln lassen.

5 Das Gemüsecurry mit dem Couscous auf Tellern oder in Schälchen anrichten. Dazu können Sie gebratene Lamm- oder Hähnchenbrustfilets (140 g pro Person) servieren.

119 g Kohlenhydrate • 19 g Eiweiß • 12 g Fett • 671 kcal / 2805 kJ

Mein Tipp

Ingwer wirkt wahre Wunder: Er regt die Verdauung an, steigert die Durchblutung und tötet Keime ab. Im Winter koche ich daher immer Ingwertee: Dafür 1 l Wasser mit 40 g geschältem Ingwer 30 Minuten kochen und täglich 1 Tasse trinken (hält sich gekühlt 3 Tage) – ein super Erkältungsschutz!

Vollkornpizza mit Thunfisch

Zutaten für 1 Blech

Für den Teig:

150 g Magerquark

6 EL Milch · Meersalz

6 EL Olivenöl

300 g Vollkornmehl

1 Päckchen Backpulver

Mehl für die Arbeitsfläche

Für den Belag:

1 Zwiebel · 4 Knoblauchzehen

1 EL Olivenöl

2 EL Aceto balsamico

1 große Dose Tomaten (800 g)

Meersalz · Pfeffer aus der Mühle

getrockneter Oregano und Thymian

3 weiße Zwiebeln

3 Dosen Thunfisch (à 185 g; in Wasser)

3 Kugeln fettarmer Mozzarella (à 125 g)

Außerdem:

Fett für das Blech

1 Für den Teig den Quark mit der Milch, 1 TL Salz, dem Olivenöl, dem Mehl und dem Backpulver in eine Rührschüssel geben und mit den Knethaken des Handrührgeräts zu einem geschmeidigen Teig verkneten.

2 Für den Belag die Zwiebel und den Knoblauch schälen und in feine Würfel schneiden. Das Olivenöl in einer Pfanne erhitzen, Zwiebel und Knoblauch darin andünsten. Mit dem Essig ablöschen. Die Dosentomaten klein schneiden und dazugeben. Mit Salz, Pfeffer und getrockneten Kräutern würzen und bei schwacher Hitze mindestens 10 Minuten einköcheln lassen.

3 Den Backofen auf 150 °C vorheizen und das Backblech einfetten. Den Teig nochmals durchkneten, auf der bemehlten Arbeitsfläche ausrollen und das Blech damit auskleiden. Die Tomatensauce auf dem Teig verstreichen. Die weißen Zwiebeln schälen und in feine Ringe schneiden. Den Thunfisch auf einem Sieb abtropfen lassen und mit den Zwiebelringen auf der Pizza verteilen. Den Mozzarella in dünne Scheiben schneiden und ebenfalls auf der Pizza verteilen.

4 Die Pizza im Backofen auf der mittleren Schiene etwa 30 Minuten knusprig backen. Mit einem gemischten Blattsalat servieren.

64 g Kohlenhydrate • 74 g Eiweiß • 31 g Fett • 834 kcal / 3486 kJ

Für Pizza mare den Thunfisch durch 400 g Garnelen (küchenfertig) ersetzen.
Für Pizza speziale den Thunfisch durch 250 g klein geschnittenes Gemüse (z. B. Paprika und Zucchini) und 200 g fettarmen Schinken ersetzen.

Gemüsepuffer mit Lachs-Kräuterquark

Zutaten für 4 Personen

4 Zucchini · 4 Möhren · 3 Eier

5 EL Haferflocken · 1 TL Dijon-Senf

2–3 EL gehackte Petersilie

Meersalz · Pfeffer aus der Mühle

einige Spritzer Zitronensaft

3 EL Olivenöl

1 Rezept »Lachs-Kräuterquark« (siehe S. 33)

1 Die Zucchini putzen und waschen, die Möhren putzen und schälen. Beides auf der Gemüsereibe in eine Schüssel raspeln. Die Eier, die Haferflocken, Senf und Petersilie dazugeben und gut mischen. Die Masse mit Salz, Pfeffer und Zitronensaft würzen.

2 Das Olivenöl in einer Pfanne portionsweise erhitzen. Aus der Gemüsemasse mit einem Esslöffel Häufchen abnehmen und in der Pfanne zu kleinen Puffern glatt streichen. Bei mittlerer Hitze auf beiden Seiten etwa 3 Minuten braten.

3 Den Lachs-Kräuterquark, wie auf S. 33 beschrieben, zubereiten. Die Gemüsepuffer mit dem Quark auf Tellern anrichten.

20 g Kohlenhydrate • 28 g Eiweiß • 20 g Fett • 378 kcal / 1580 kJ

Pfannkuchen auf pikante Art

Zutaten für 4 Personen

8 Eier · 120 g Vollkornmehl

ca. 400 ml Milch (oder Reismilch)

Meersalz

1 Zwiebel

3 rote Paprikaschoten

8 Champignons · 4 EL Sesamöl

Pfeffer aus der Mühle

3 EL gehackte Petersilie

400 g Hüttenkäse

1 Eier und Mehl verquirlen. Milch nach und nach unterrühren, bis ein dünnflüssiger Teig entstanden ist. Mit 1 Prise Salz würzen.

2 Die Zwiebel schälen und in feine Würfel schneiden. Paprikaschoten längs halbieren, entkernen, waschen und in Streifen schneiden. Pilze putzen, trocken abreiben und in Scheiben schneiden. Alles in 2 EL Sesamöl scharf anbraten. Mit Salz und Pfeffer würzen, mit der Petersilie und mit dem Hüttenkäse mischen.

3 Das restliche Sesamöl portionsweise in einer Pfanne erhitzen und aus dem Teig nacheinander 4 Pfannkuchen backen. Die Pfannkuchen mit der Gemüsemasse füllen.

34 g Kohlenhydrate • 38 g Eiweiß • 30 g Fett • 563 kcal / 2353 kJ

Fisch & Fleisch

Wertvoll wie ein kleines Steak: Fleisch und Fisch gehören zu unseren besten Eiweißlieferanten. Viele Fische können außerdem mit einem hohen Anteil an gesunden Fettsäuren punkten und Fleisch enthält das besonders für Frauen wichtige Spurenelement Eisen. Ein weiteres Plus: Mageres Geflügel und edlere Fleischsorten wie Filet machen eine gute Figur und belasten das Fettkonto nicht. Also ran an Hähnchen, Pute, Lachs und Co., die ruhig drei- bis viermal pro Woche auf den Teller kommen sollten. Damit Sie sich fit und munter wie ein Fisch im Wasser fühlen.

Gebratene Forelle mit Brokkoli

Zutaten für 4 Personen

4 Forellen (küchenfertig)

Saft von 1 Zitrone

Meersalz

Mehl (oder Grieß) zum Wenden

6 EL Sesamöl

200 g Polenta (Maisgrieß)

3 große Brokkoli

1 Bund Petersilie

2 EL Butter

100 g Mandelblättchen

Falls Sie keinen frischen Fisch bekommen, können Sie auch tiefgekühlten verwenden.

1 Die Forellen innen und außen waschen und trocken tupfen. Die Fische innen und außen mit Zitronensaft beträufeln, mit Salz würzen und in Mehl wenden.

2 Das Sesamöl in zwei großen Pfannen (oder im Bräter) erhitzen und die Forellen darin auf beiden Seiten jeweils 1 Minute scharf anbraten. Dann die Hitze reduzieren und die Fische etwa 15 Minuten ziehen lassen.

3 Inzwischen 800 ml Wasser mit 1/2 TL Salz in einem Topf zum Kochen bringen. Die Polenta einrieseln lassen und unter Rühren 2 Minuten kochen lassen. Dann bei schwacher Hitze etwa 10 Minuten quellen lassen.

4 Den Brokkoli putzen, waschen und in die einzelnen Röschen teilen. In einem Topf in wenig Salzwasser (oder im Dampfgarer) bissfest dünsten. Die Petersilie waschen und trocken schütteln, die Blätter abzupfen und fein hacken.

5 Die Butter in einer Pfanne erhitzen und die Mandelblättchen darin goldbraun rösten. 1/2 TL Salz hinzufügen, den Brokkoli dazugeben und durchschwenken. Die Forellen mit Polenta und Brokkoli auf Tellern anrichten und mit der Petersilie bestreuen.

45 g Kohlenhydrate • 68 g Eiweiß • 40 g Fett • 818 kcal / 3418 kJ

Mein Tipp

Brokkoli gehört zu meinen Lieblingsgemüsen. Er ist besonders reich an Mineralstoffen wie Kalzium, Kalium, Phosphor, Eisen, Zink und Natrium sowie Vitaminen der B-Gruppe und Vitamin C. Also ein absolutes Schönheitsgemüse, das zudem die Nerven stärkt.

Fischstäbchen mit »Pommes«

Zutaten für 4 Personen

600 g Lachsfilet

Saft von 1 Zitrone

Meersalz

5 Kohlrabi

2 Eier

Sesamsamen (oder Vollkorn-weißbrotbrösel) zum Panieren

70–80 ml Sesamöl

1 Tube Tomatenmark (200 g)

getrockneter Oregano

1 Das Lachsfilet waschen, trocken tupfen und zu »Fischstäbchen« schneiden. Mit Zitronensaft beträufeln und mit Salz würzen. Die Kohlrabi putzen, schälen und zu »Pommes« schneiden.

2 Die Eier in einem tiefen Teller verquirlen. Die Sesamsamen in einen zweiten tiefen Teller geben. Die Lachs-Fischstäbchen zuerst durch die Eier ziehen und dann mit dem Sesam panieren.

3 In einer Pfanne 3 EL Sesamöl erhitzen und die Lachs-Fischstäbchen darin rundum goldbraun braten. Das restliche Sesamöl in einer zweiten Pfanne erhitzen und die Kohlrabistifte darin bei mittlerer Hitze bissfest braten.

4 Inzwischen das Tomatenmark mit etwas Wasser glatt rühren und mit Salz und Oregano würzen. Die Lachs-Fischstäbchen mit den Kohlrabi-Pommes und dem Ketchup anrichten. Servieren Sie dazu einen gemischten Blattsalat.

Dazu passen »echte« Pommes (auf dem Blech gebacken) oder Kartoffelsalat.

27 g Kohlenhydrate • 39 g Eiweiß • 33 g Fett • 566 kcal / 2365 kJ

Wissenswertes über Lachs:
Beim Kauf von Lachs darauf achten, dass er nicht aus Zuchtbetrieben stammt, denn dort werden die Fische oft mit Antibiotika gefüttert. Auf den Packungen von tiefgekühltem Lachs ist übrigens immer der Herkunftsort vermerkt. Zum Auftauen die Filets samt Folie 15 Minuten in lauwarmes Wasser legen.

Mein Tipp

Lachs hat – ebenso wie Thunfisch und Makrele – einen hohen Anteil an Omega-3-Fettsäuren, die lebenswichtig für uns sind. Sie hemmen Entzündungen, pushen das Gehirn, schützen vor Herz-Kreislauf-Erkrankungen und haben einen positiven Einfluss auf den Stoffwechsel.

Dorade mit Fenchelgemüse

Zutaten für 4 Personen

4 Doraden (küchenfertig)

6 Knoblauchzehen

1 Bund Petersilie

Saft von 1 Zitrone

Meersalz

4 EL Olivenöl

4 Fenchelknollen

1/4 l Weißwein

Pfeffer aus der Mühle

4 EL Sojasahne

Wer keinen Fenchel mag, kann zu den gebratenen Doraden genauso gut Brokkoli, Tomaten, Paprika oder einen gemischten Blattsalat mit gerösteten Cashewkernen servieren. Im Sommer kann man die Fische auch wunderbar auf dem Gartengrill zubereiten.

1 Die Doraden innen und außen waschen und trocken tupfen. Den Knoblauch schälen, die Petersilie waschen und trocken schütteln. Jede Dorade mit je 1 Knoblauchzehe und einigen Petersilienstielen füllen, außen mit dem Zitronensaft beträufeln und mit Salz würzen.

2 Das Olivenöl in zwei großen Pfannen (oder im Bräter) erhitzen und die Doraden darin bei schwacher Hitze auf beiden Seiten je 7 Minuten braten.

3 Inzwischen die restlichen Knoblauchzehen in feine Würfel schneiden. Den Fenchel putzen, waschen und halbieren. Den Weißwein mit 1/8 l Wasser in einem weiten Topf aufkochen und die Fenchelhälften mit den Schnittflächen nach unten hineingeben. Zugedeckt bei mittlerer Hitze weich dünsten. Mit Salz, Pfeffer und Sojasahne abschmecken. Die gebratenen Doraden mit dem Fenchelgemüse servieren.

Dazu passen Polentaschnitten: Dafür 200 g Polenta kochen, in einer mit Backpapier ausgelegten Kastenform verteilen, auskühlen lassen, stürzen und in Scheiben schneiden. Die Polentaschnitten in wenig Sesamöl auf beiden Seiten kross braten.

7 g Kohlenhydrate • 50 g Eiweiß • 24 g Fett • 497 kcal / 2078 kJ

Mein Tipp

Frischer Fisch ist erstens schwer zu bekommen und zweitens meist relativ teuer, wenn man ihn beim Fischhändler kauft. Ich besorge Doraden im griechischen oder türkischen Gemüseladen; dort gibt es oft auch frischen Fisch, und das um einiges günstiger!

Thunfisch auf Paprikabett mit Hirse

Zutaten für 4 Personen

1 l Gemüsebrühe

200 g Hirse

je 4 kleine rote und gelbe Paprikaschoten

2 Zwiebeln

4 Knoblauchzehen

4 EL Sesamöl

Meersalz · Pfeffer aus der Mühle

1 Bund Petersilie

4 Thunfischsteaks (à ca. 150 g)

Im Winter, wenn Paprikaschoten gerade nicht Saison haben und deshalb oft sehr teuer sind, können Sie den Thunfisch auch mit dem Möhrengemüse von S. 81 oder auf Rosenkohl servieren. Dafür den Rosenkohl kurz blanchieren und dann mit Zwiebelwürfeln in Sesamöl anbraten. Mit Salz, Pfeffer und nach Belieben Kümmel abschmecken.

1 Die Gemüsebrühe in einem Topf erhitzen, die Hirse einrieseln lassen und bei schwacher Hitze 40 Minuten köcheln lassen.

2 Die Paprikaschoten längs halbieren, entkernen, waschen und in Streifen schneiden. Die Zwiebeln und den Knoblauch schälen und in feine Würfel schneiden. 2 EL Sesamöl in einer Pfanne erhitzen, Zwiebeln und Knoblauch darin andünsten. Die Paprikastreifen dazugeben und bei mittlerer Hitze bissfest braten. Mit Salz und Pfeffer würzen.

3 Die Petersilie waschen und trocken schütteln, die Blätter abzupfen und fein hacken. Den Thunfisch waschen, trocken tupfen und im restlichen Öl auf beiden Seiten etwa 3 Minuten »medium« braten. Mit Salz und Pfeffer würzen.

4 Die Thunfischsteaks auf dem Paprikagemüse anrichten und mit der Petersilie bestreuen. Die Hirse dazu servieren.

51 g Kohlenhydrate • 43 g Eiweiß • 36 g Fett • 704 kcal / 2943 kJ

Mein Tipp

Hirse gilt zu Recht als »Schönmacher«: Ihr hoher Gehalt an Kieselsäure sorgt für schöne Haut, glänzendes Haar und feste Nägel. Daneben ist Hirse eine gute Eisenquelle. Eisen benötigt der Körper vor allem zur Bildung der roten Blutkörperchen, die unsere Zellen mit Sauerstoff versorgen.

Thunfisch mit Kapern-Senf-Sauce

Zutaten für 4 Personen

Für den Fisch und die Sauce:

4 Thunfischsteaks (à 120 g)

etwas Zitronensaft

Meersalz · Pfeffer aus der Mühle

2 EL Sesamöl · 2 kleine Zwiebeln

3 Knoblauchzehen

1/8 l Gemüsebrühe

125 g Sojasahne

1 kleines Glas eingelegte Kapern

1 TL scharfer Senf

2 EL gehackte Petersilie

Für das Gemüse:

400 g Brokkoli

400 g Blumenkohl

Meersalz · Pfeffer aus der Mühle

1 Für den Fisch die Thunfischsteaks waschen, trocken tupfen, mit Zitronensaft beträufeln und mit Salz und Pfeffer würzen.

2 In einer Pfanne 1 EL Sesamöl erhitzen und die Fischsteaks darin auf beiden Seiten scharf anbraten. Dann zugedeckt bei schwacher Hitze etwa 10 Minuten ziehen lassen. Der Thunfisch sollte innen noch ganz leicht rosa sein, sonst ist er zu trocken.

3 Für die Sauce die Zwiebeln und den Knoblauch schälen und in feine Würfel schneiden. Das restliche Sesamöl in einem Topf erhitzen und die Zwiebeln und den Knoblauch darin andünsten.

4 Mit der Gemüsebrühe ablöschen und etwas einköcheln lassen. Die Sojasahne angießen und die abgetropften Kapern dazugeben. Die Sauce mit Salz, Zitronensaft und Senf abschmecken und die Petersilie untermischen.

5 Für das Gemüse den Brokkoli und den Blumenkohl putzen, waschen und in die einzelnen Röschen teilen. Beides in wenig Wasser bissfest dünsten und mit Salz und Pfeffer würzen.

6 Den Thunfisch mit dem Gemüse auf Tellern anrichten und mit der Kapern-Senf-Sauce servieren.

Dazu passen Kartoffeln, Polenta oder Reis.

8 g Kohlenhydrate • 33 g Eiweiß • 34 g Fett • 475 kcal / 1986 kJ

Panierter Barsch mit Rahmwirsing

Zutaten für 4 Personen

1 Kopf Wirsing

2 Zwiebeln

4–5 EL Sesamöl

1/8 l Weißwein

1/4 l Gemüsebrühe

Meersalz

2 TL ganzer Kümmel

Saft von 1/2 Zitrone

100 g Sojasahne

4 Viktoriabarschfilets (à ca. 140 g)

Pfeffer aus der Mühle

2 Eier

8 EL Vollkornweißbrotbrösel

1 Den Wirsing putzen, in die einzelnen Blätter teilen, diese halbieren und dabei die Blattrippen entfernen. Die Blätter waschen und in Streifen schneiden. Die Zwiebeln schälen und in feine Würfel schneiden.

2 In einer Pfanne 1 EL Sesamöl erhitzen und die Zwiebeln darin andünsten. Den Wirsing dazugeben und etwa 4 Minuten unter Rühren dünsten. Mit dem Weißwein ablöschen und die Gemüsebrühe angießen. Mit Salz, Kümmel und Zitronensaft würzen und 15 Minuten köcheln lassen. Dann die Sojasahne dazugeben.

3 Inzwischen die Fischfilets waschen, trocken tupfen und mit Salz und Pfeffer würzen. Die Eier in einem tiefen Teller verquirlen. Die Brösel in einen zweiten tiefen Teller geben. Die Fischfilets zuerst durch die Eier ziehen und dann mit den Bröseln panieren. Das restliche Sesamöl in einer tiefen Pfanne erhitzen und die Viktoriabarschfilets darin auf beiden Seiten goldbraun braten. Die Viktoriabarschfilets mit dem Rahmwirsing auf Tellern anrichten.

Dazu passen Kartoffeln und die Sojasahnesauce mit Kräutern (Rezept siehe S. 105).

20 g Kohlenhydrate • 40 g Eiweiß • 23 g Fett • 471 kcal / 1969 kJ

Wissenswertes über Panieren:
Panieren ist kinderleicht – wichtig ist nur, dass das jeweilige Fisch- oder Fleischstück zuerst in verquirltem Ei gewendet wird, damit die Panade anschließend auch gut daran haften bleibt. Als Panade eignet sich vieles: Mehl, Sesamsamen, Grieß, Kokosraspel, Mandelblättchen, Cornflakes etc.

Mein Tipp

Wenn es mal schnell gehen muss, können Sie auch tiefgekühlten Wirsing verwenden. Dieser wird direkt nach der Ernte verarbeitet und schockgefroren und enthält deshalb noch alle wichtigen Vitamine und Mineralstoffe. Wirsing ist übrigens auch ein guter Ballaststofflieferant.

Fischcurry mit Kokos und Gemüse

Zutaten für 4 Personen

Meersalz · 200 g Vollkornreis (oder Basmatireis)

200 g Okraschoten

Saft von 1 1/2 Limetten

2 Zwiebeln · 2 Knoblauchzehen

1 rote Paprikaschote

1 Zucchino · 2 Tomaten

10 g Ingwer

600 g festes weißes Fischfilet

3 EL Sesamöl

4 Babymaiskolben (aus dem Glas)

3 TL gemahlener Koriander

2 TL Paprikapulver (rosenscharf)

1 TL gemahlene Kurkuma

1 TL gemahlener Kreuzkümmel

2 TL Tamarindenmus

1 Schuss Weißwein

400 ml Kokosmilch

Das Fischcurry ist ein ideales Gericht, um Reste aus dem Gemüsefach zu verarbeiten. So können Sie statt Okraschoten, die ja nicht jedermanns Fall sind, Brokkoli oder Möhren verwenden.

1 In einem Topf 600 ml zum Kochen bringen, 1/2 TL Salz dazugeben und den Reis darin bissfest garen. Die Okraschoten putzen, waschen, quer halbieren und in eine Schüssel mit Wasser und dem Saft von 1/2 Limette geben.

2 Die Zwiebeln und den Knoblauch schälen und in feine Würfel schneiden. Die Paprika längs halbieren, entkernen, waschen und in Streifen schneiden. Den Zucchino putzen, waschen und ebenfalls in Streifen schneiden. Die Tomaten waschen und vierteln, dabei die Stielansätze entfernen. Die Tomatenviertel in Würfel schneiden. Den Ingwer schälen und fein reiben.

3 Das Fischfilet waschen, trocken tupfen und in große Stücke schneiden. Mit dem restlichen Limettensaft und Salz würzen. Die Hälfte des Sesamöls im Wok oder in einer großen Pfanne erhitzen und die Fischstücke darin rundum etwa 3 Minuten braten. Den Fisch herausnehmen und auf einen Teller legen.

4 Das restliche Öl erhitzen, Zwiebeln, Knoblauch und Ingwer darin andünsten. Den Babymais und die Okraschoten abtropfen lassen und mit dem restlichen Gemüse, den Gewürzen und dem Tamarindenmus dazugeben. Bei mittlerer Hitze etwa 4 Minuten braten. Mit Weißwein ablöschen und 2 Minuten einkochen lassen. Die Kokosmilch angießen, die Fischstücke darauflegen und das Curry zugedeckt etwa 4 Minuten köcheln lassen. Nach Belieben nochmals abschmecken und mit dem Vollkornreis servieren.

47 g Kohlenhydrate • 37 g Eiweiß • 32 g Fett • 645 kcal / 2695 kJ

Mein Tipp

Kokosmilch enthält zwar relativ viel Fett, darunter aber auch die wertvolle Laurinsäure, die den Stoffwechsel so richtig ankurbelt. Wenn Sie Kokosfett zum Braten verwenden, sollten Sie zu Bio-Kokosfett greifen.

Ofenfisch mit buntem Gemüse

Zutaten für 2 Personen

Olivenöl für das Blech

360 g festes weißes Fischfilet

5 EL Sesamöl

1 TL Zitronenpfeffer (aus dem Gewürzladen)

Saft von 1 Zitrone

1 TL Reissirup

Meersalz

14 Champignons

14 Cocktailtomaten

6 kleine festkochende Kartoffeln

200 g Zuckerschoten

2 TL Tandoori Masala (ind. Gewürzmischung)

je 1 TL gemahlener Kreuzkümmel, gemahlener Koriander, Ingwer- und Currypulver

150 ml Kokosmilch

50 g geröstete Kokoschips

Wer möchte, kann noch das Fruchtfleisch von 1/2 Mango zum Gemüse geben – das verleiht der Sauce ein fruchtiges Aroma.

1 Den Backofen auf 150 °C Umluft vorheizen. Ein tiefes Backblech mit Olivenöl einfetten. Das Fischfilet waschen und trocken tupfen. 2 EL Sesamöl mit dem Zitronenpfeffer, dem Zitronensaft, dem Reissirup und 1 TL Salz mischen und das Fischfilet damit einreiben.

2 Die Pilze putzen und trocken abreiben. Die Cocktailtomaten und Kartoffeln waschen und trocken tupfen, die Kartoffeln halbieren. Die Zuckerschoten putzen und waschen. Das restliche Sesamöl mit den restlichen Gewürzen mischen.

3 Das Fischfilet und das Gemüse auf dem Blech verteilen, das Gemüse mit dem Gewürzöl bestreichen. Im Backofen auf der mittleren Schiene 5 Minuten garen, dann die Kokosmilch dazugießen. Die Backofentemperatur auf 200 °C erhöhen und den Fisch und das Gemüse weitere 10 Minuten garen. Zum Servieren den Fisch mit dem Gemüse und der Sauce auf Tellern anrichten und mit den Kokoschips bestreuen.

46 g Kohlenhydrate • 52 g Eiweiß • 58 g Fett • 926 kcal / 3870 kJ

Mein Tipp

Die gerösteten Kokoschips sind das Highlight bei diesem Gericht, leider kann man sie nur selten fertig kaufen. Aber sie sind auch schnell selbst gemacht: Einfach Kokoschips aus dem Bioladen oder Drogeriemarkt nehmen und in einer beschichteten Pfanne ohne Fett goldbraun rösten.

Garnelenpfanne mit Erbsen

Zutaten für 4 Personen

1 kg tiefgekühlte Erbsen

1 Knoblauchknolle

700 g Garnelen (küchenfertig; frisch oder tiefgekühlt)

3 EL Olivenöl

100 g Pinienkerne

Meersalz

Saft von 1/2 Zitrone

2 Würzwürfel Thymian/Basilikum (aus dem Bioladen; oder jeweils 1 TL getrockneter Thymian und getrocknetes Basilikum)

1 Die Erbsen nach Packungsanweisung bissfest garen, in ein Sieb abgießen und abtropfen lassen. Die Knoblauchknolle in die einzelnen Zehen teilen, schälen und in feine Scheiben schneiden.

2 Die Garnelen waschen und trocken tupfen. Das Olivenöl in einer großen Pfanne erhitzen und die Garnelen darin 1 Minute anbraten. Den Knoblauch und die Pinienkerne dazugeben und alles weitere 3 Minuten unter Rühren braten.

3 Die Garnelen mit Salz, Zitronensaft und den Würzwürfeln abschmecken. Die Erbsen untermischen.

Dazu passt Vollkornbaguette.

37 g Kohlenhydrate • 59 g Eiweiß • 24 g Fett • 609 kcal / 2545 kJ

Um den Geruch von Knoblauch abzuschwächen, halbieren Sie die Knoblauchzehen und entfernen Sie den grünen Innenteil. Der Knoblauch schmeckt am besten, wenn Sie ihn braun braten. Aber Vorsicht: Er darf nicht verbrennen, sonst schmeckt er bitter.

Mein Tipp

Achtung: Wer die Garnelenpfanne isst, sollte am nächsten Tag keinen wichtigen Termin haben. Da Knoblauch eine reinigende Wirkung hat, riechen Sie nicht nur aus dem Mund, sondern aus jeder Pore. Der Mundgeruch lässt sich mildern, wenn man frische Petersilie kaut oder Milch trinkt.

Saucen – für (fast) jede Gelegenheit

Sauce hollandaise mal anders

Zutaten für 4 Personen

1 weiße Zwiebel · 2 Knoblauchzehen
3 Stiele Petersilie · 1 EL Sesamöl
1 Schuss Weißwein · 1/4 l Gemüsebrühe
200 g Sojasahne · Meersalz · Pfeffer aus der Mühle · Saft von 1/2 Zitrone

1 Die Zwiebel und den Knoblauch schälen und in feine Würfel schneiden. Die Petersilie waschen und trocken schütteln, die Blätter abzupfen und fein hacken.

2 Das Sesamöl in einer Pfanne erhitzen und die Zwiebel und den Knoblauch darin andünsten. Mit dem Weißwein ablöschen. Die Gemüsebrühe und die Sojasahne dazugießen und alles bei schwacher Hitze etwas einkochen lassen.

3 Die Sauce hollandaise mit Salz, Pfeffer und Zitronensaft abschmecken. Zuletzt die Petersilie untermischen.

Die Sauce hollandaise ist der Klassiker zu frischem Spargel, passt aber ebenso zu anderen Gemüsesorten und zu Kartoffeln. Auch zu gebratenem Fisch oder Fleisch ist die Sauce ein feiner Begleiter.
Verfeinern Sie die Hollandaise statt mit Zitronensaft auch einmal mit Limetten- oder Orangensaft und etwas abgeriebener unbehandelter Limetten- oder Orangenschale.

Gemüsesauce

Zutaten für 4 Personen

1 Zwiebel · 2 Knoblauchzehen · 2 Zucchini
2 rote Paprikaschoten · 2 Möhren
2 EL Olivenöl · 100 ml Gemüsebrühe
Meersalz · Pfeffer aus der Mühle · Sojasahne zum Verfeinern

1 Die Zwiebel und den Knoblauch schälen und grob zerkleinern. Die Zucchini putzen und waschen. Die Paprikaschoten längs halbieren, entkernen und waschen. Die Möhren putzen und schälen. Das Gemüse in Stücke schneiden.

2 Das Olivenöl in einer Pfanne erhitzen und Zwiebel und Knoblauch darin andünsten. Das Gemüse dazugeben und rundum kurz anbraten. Mit der Gemüsebrühe ablöschen und zugedeckt bei schwacher Hitze etwa 10 Minuten garen.

3 Dann alles im Küchenmixer oder mit dem Stabmixer fein pürieren. Die Sauce mit Salz und Pfeffer abschmecken und mit Sojasahne verfeinern. Nach Belieben noch gehackte Kräuter (z. B. Petersilie, Thymian, Gartenkresse) untermischen.

Die Gemüsesauce passt bestens zu Nudeln, Reis, Couscous & Co., aber auch zu gebratenem Fisch und Fleisch. Je nach Geschmack und Kühlschrankinhalt können Sie auch andere Gemüsesorten mitkochen.

Sojasahnesauce – Basisrezept

Zutaten für 4 Personen

1 weiße Zwiebel · 2 Knoblauchzehen
2 EL Sesamöl · 150 ml Gemüsebrühe (oder Weißwein) · Meersalz · Pfeffer aus der Mühle
250 g Sojasahne · Saft von 1/2 Zitrone

1 Die Zwiebel und den Knoblauch schälen und in feine Würfel schneiden. Das Sesamöl in einem kleinen Topf erhitzen und die Zwiebel und den Knoblauch darin unter Rühren andünsten.

2 Mit der Gemüsebrühe ablöschen und mit Salz und Pfeffer kräftig würzen.

3 Die Sojasahne dazugeben und die Sauce bei mittlerer Hitze etwa 2 Minuten köcheln lassen. Zuletzt die Sauce mit Zitronensaft abschmecken.

Sojasahnesauce – Varianten

mit Kräutern (siehe Bild links)
Die Basissauce zubereiten und zum Schluss 2 bis 3 EL gehackte gemischte Kräuter (z. B. Schnittlauch, Petersilie, Zitronenmelisse, Dill) untermischen.

mit Preiselbeeren (siehe Bild links)
Die Basissauce zubereiten, dabei die Zwiebel braun braten. Unter die fertige Sahnesauce etwa 3 EL Preiselbeeren (aus dem Glas) und 1 TL scharfen Meerrettich rühren.

mit Chilischote
1 rote Chilischote längs halbieren, entkernen, waschen und in feine Würfel schneiden. Die Basissauce zubereiten, dabei die Chili mit Zwiebel und Knoblauch andünsten.

mit Dijon-Senf und Zitrone
Die Basissauce zubereiten und zum Schluss mit 1 bis 2 TL Dijon-Senf (nach Belieben mit Estragon) und Zitronensaft abschmecken.

mit Dill und Zitrone
3 bis 4 Stiele Dill waschen, trocken schütteln, die Spitzen abzupfen und fein hacken. Die Basissauce zubereiten und zuletzt den Dill und einige Spritzer Zitronensaft untermischen.

mit Meerrettich
Die Basissauce zubereiten und zuletzt mit 1 bis 2 TL Meerrettich (aus dem Glas) abschmecken.

mit frischen Tomaten
2 kleine Tomaten waschen, vierteln und in Würfel schneiden. Die Basissauce zubereiten und zuletzt die Tomatenwürfel untermischen.

mit Kapern und Zitrone
Die Basissauce zubereiten und zuletzt 1 bis 2 EL eingelegte Kapern und einige Spritzer Zitronensaft untermischen.

Hähnchenspieße mit Tomatensauce

Zutaten für 4 Personen

200 g Basmatireis (geschält oder Vollkorn)

je 2 rote und gelbe Paprikaschoten

2 kleine Zucchini

2 weiße Zwiebeln

450 g Hähnchenbrustfilet

Meersalz · Pfeffer aus der Mühle

1 TL Paprikapulver (edelsüß)

ca. 5 EL Sesamöl

5 Tomaten

ca. 1/8 l Gemüsebrühe

1–2 TL Tomatenmark

1 TL getrockneter Oregano

Die Gemüsemengen sind in diesem Rezept extra sehr großzügig bemessen: Wenn Sie die Spieße mit Kindern zubereiten, naschen diese ganz gern zwischendurch von den Paprikaschoten. Achtung, wegen Salmonellengefahr das Gemüse nicht mit »Hähnchenfingern« in den Mund nehmen!

1 Den Reis in einem Sieb waschen und abtropfen lassen. Die Paprikaschoten längs halbieren, entkernen und waschen. Die Zucchini putzen, waschen, die Zwiebeln schälen. Das Gemüse in größere Stücke schneiden. Das Hähnchenfleisch waschen, trocken tupfen und in mundgerechte Stücke schneiden. Das Gemüse abwechselnd mit dem Fleisch auf Spieße (aus Metall oder Holz) stecken und mit Salz, Pfeffer und Paprikapulver würzen.

2 In einem Topf 480 ml Wasser mit 1/2 TL Salz aufkochen und den Reis darin sehr bissfest garen, dabei nicht mehr umrühren. Dann in einem Topf 2 EL Sesamöl erhitzen, den Reis abgießen und dazugeben. Den Topfdeckel mit einem Küchentuch umwickeln und den Reis zudeckt bei schwacher Hitze noch etwa 5 Minuten dämpfen und mit Salz würzen. Tomaten waschen, trocken tupfen und in Stücke schneiden, dabei die Stielansätze entfernen.

3 Das restliche Öl in einer Pfanne erhitzen und die Spieße darin rundum etwa 4 Minuten braten, bis das Fleisch gar ist. Die Spieße aus der Pfanne nehmen, den Bratensatz mit der Gemüsebrühe ablöschen und die Tomaten dazugeben. 2 Minuten köcheln lassen, das Tomatenmark und den Oregano untermischen. Die Tomatensauce mit Salz und Pfeffer würzen. Die Hähnchenspieße mit dem Basmatireis auf Tellern anrichten und mit der Tomatensauce beträufeln. Servieren Sie dazu einen gemischten Blattsalat.

55 g Kohlenhydrate • 35 g Eiweiß • 15 g Fett • 498 kcal / 2082 kJ

Mein Tipp

Dieses Gericht animiert Kinder wunderbar dazu, in der Küche selbst kreativ zu sein. Sie sind dann in der Regel besonders stolz darauf, die Spieße selbst hergestellt zu haben und essen dann auch fast jedes Gemüse.

Hähnchen mit roten Linsen

Zutaten für 4 Personen

400 g rote Linsen

1 TL gemahlener Kreuzkümmel

ca. 560 g Hähnchenbrustfilet

Meersalz · Pfeffer aus der Mühle

2 TL Paprikapulver (edelsüß)

15 g geriebener Ingwer

2–3 EL Sesamöl

ca. 1/8 l Gemüsebrühe

300 g fettarmer Naturjoghurt

Anstatt Hähnchen können Sie auch Lamm nehmen und die roten Linsen durch gelbe ersetzen – die Zubereitung bleibt dieselbe. Je nach Geschmack können Sie das Hähnchen noch mit Curry- oder Zimtpulver und – wer gern scharf isst – mit Cayennepfeffer würzen und zum Schluss gehackten Koriander oder gehackte Minze untermischen.

1 Die Linsen in einem Sieb unter fließendem kaltem Wasser abspülen, bis das Wasser klar abläuft. Mit 1 l Wasser und dem Kreuzkümmel in einen Topf geben und aufkochen. Dann zugedeckt bei schwacher Hitze 10 bis 15 Minuten bissfest garen. Die Linsen in ein Sieb abgießen und abtropfen lassen.

2 Das Hähnchenfleisch waschen, trocken tupfen und in Streifen schneiden. Mit Salz, Pfeffer, Paprikapulver und Ingwer würzen.

3 Das Sesamöl in einer Pfanne erhitzen und die Hähnchenstreifen darin rundum scharf anbraten. Mit der Gemüsebrühe ablöschen und kurz einköcheln lassen.

4 Die Linsen und 150 g Joghurt unter das Fleisch mischen und alles noch kurz erhitzen. Nach Belieben noch einmal abschmecken. Den restlichen Joghurt und einen gemischten Blattsalat oder den Möhrensalat von S. 50 zum Hähnchen servieren.

Dazu passt Couscous oder Vollkornreis.

40 g Kohlenhydrate • 52 g Eiweiß • 15 g Fett • 506 kcal / 2116 kJ

Mein Tipp

Dieses Rezept hat mir eine persische Bekannte verraten. Ich habe es zu Hause sofort nachgekocht und war begeistert. Linsen sind sehr sättigend und reich an wertvollem Eiweiß. Zudem haben rote Linsen den Vorteil, dass sie vor dem Garen nicht eingeweicht werden müssen.

Hähnchen in dunkler Sauce auf Polenta

Zutaten für 4 Personen

5 Zwiebeln

ca. 560 g Hähnchenbrustfilet

Meersalz · Pfeffer aus der Mühle

1 TL Paprikapulver (edelsüß)

2 EL Sesamöl

1/4 l Rotwein

1 1/4 l Gemüsebrühe

400 g Sojasahne

4 TL Zitronensaft

4 EL Preiselbeeren (aus dem Glas)

240 g Polenta (Maisgrieß)

Die dunkle Sauce mit Preiselbeeren verleiht auch Wildgerichten eine ganz besondere Note.

1 Die Zwiebeln schälen und in feine Ringe schneiden. Das Hähnchenfleisch waschen, trocken tupfen und in mundgerechte Stücke schneiden. Mit Salz, Pfeffer und Paprikapulver würzen.

2 Das Sesamöl in einer Pfanne erhitzen und die Zwiebeln darin anbraten, bis sie braun sind (Achtung, nicht verbrennen lassen!). Die Hähnchenstücke dazugeben und rundum anbraten.

3 Mit dem Rotwein ablöschen, 1/4 l Gemüsebrühe und die Sojasahne hinzufügen. Die Sauce mit Zitronensaft und Preiselbeeren abschmecken und bei schwacher Hitze etwas einköcheln lassen.

4 Inzwischen die restliche Brühe zum Kochen bringen. Die Polenta einrieseln lassen und unter Rühren 2 Minuten köcheln lassen. Dann bei schwacher Hitze etwa 10 Minuten quellen lassen.

5 Die Hähnchenstücke mit der Polenta und der Sauce auf Tellern anrichten.

57 g Kohlenhydrate • 43 g Eiweiß • 24 g Fett • 656 kcal / 2742 kJ

Mein Tipp

Die Zwiebel ist ein hervorragender natürlicher Geschmacksverstärker. Und – was viele nicht wissen – ihr Saft macht Fleisch zarter. Dafür das Fleisch über Nacht in einer Mischung aus Zwiebelsaft und Öl einlegen. Dieses »Marinieren« empfiehlt sich vor allem bei Grillfleisch und Braten.

Putensteak mit Ratatouille

Zutaten für 4 Personen

1/2 Knoblauchknolle

2 weiße Zwiebeln

1 große Aubergine · 2 Zucchini

je 1 rote, gelbe und orangefarbene Paprikaschote

2 Möhren

4 EL Olivenöl

1/8 l Rotwein (oder Gemüsebrühe)

2 Dosen Tomaten (à 400 g)

Meersalz

3–4 Würzwürfel Kräuter der Provence (aus dem Bioladen; oder 4 TL Kräuter der Provence)

4 Putensteaks (à ca. 140 g)

Pfeffer aus der Mühle

ca. 2 EL Tomatenmark

40 g geriebener Parmesan

Anstelle von Putensteaks können Sie auch gegrillte Lammkoteletts zur Ratatouille servieren.

1 Knoblauchknolle in die einzelnen Zehen teilen und diese ebenso wie die Zwiebeln schälen und in feine Würfel schneiden. Die Aubergine und die Zucchini putzen und waschen. Die Paprikaschoten längs halbieren, entkernen und waschen. Die Möhren putzen und schälen. Das Gemüse in mundgerechte Stücke schneiden.

2 In einem Topf 3 EL Olivenöl erhitzen, Zwiebeln und Knoblauch darin andünsten. Das Gemüse dazugeben und 5 Minuten rundum braten. Mit Rotwein ablöschen und die Flüssigkeit fast vollständig einköcheln lassen. Die Dosentomaten dazugeben, mit Salz würzen und die Würzwürfel hinzufügen. Die Ratatouille zugedeckt bei schwacher Hitze 15 Minuten köcheln lassen.

3 Inzwischen die Putensteaks waschen, trocken tupfen und mit Salz und Pfeffer würzen. In einer Pfanne im restlichen Olivenöl auf beiden Seiten scharf anbraten. 10 Minuten vor Garzeitende auf die Ratatouille legen und mitgaren.

4 Die Ratatouille mit dem Tomatenmark etwas binden und mit den Putensteaks auf Tellern anrichten. Mit Parmesan bestreuen und dazu einen gemischten Blattsalat servieren.

Dazu passt Baguette.

22 g Kohlenhydrate • 45 g Eiweiß • 21 g Fett • 482 kcal / 2014 kJ

Mein Tipp

Ratatouille ist das ideale Rezept, um einen bunten Vitamin-Mix auf den Teller zu bringen. Sie ist schnell gemacht und schmeckt nach Sonne und Urlaub. Und auch ohne Fleisch ist Ratatouille ein leckeres Mittag- oder Abend-, aber auch ein super Partyessen, da man sie gut vorbereiten kann.

Putengulasch mit Kichererbsen

Zutaten für 4 Personen

250 g getrocknete Kichererbsen

500 g Putenbrustfilet

2 Zwiebeln · 3 Knoblauchzehen

3 gelbe Paprikaschoten

3 EL Sesamöl (oder Rapsöl)

1/8 l Rotwein

2 EL Aceto balsamico

1/4 l Gemüsebrühe

500 g passierte Tomaten (aus dem Tetrapak)

Meersalz · Pfeffer aus der Mühle

1 TL Paprikapulver (edelsüß)

2 TL ganzer Kümmel

1 TL abgeriebene unbehandelte Zitronenschale

Aus Kichererbsen können Sie auch Hummus, den orientalischen Dip, zubereiten und zum Fleisch servieren: Dafür gekochte Kichererbsen pürieren, mit Zitronensaft, durchgepresstem Knoblauch, Kreuzkümmel, Salz und Tahin (Sesammus) abschmecken. Bei Bedarf mit etwas Wasser glatt rühren.

1 Die Kichererbsen über Nacht in kaltem Wasser einweichen. Am nächsten Tag in ein Sieb abgießen, kalt abbrausen und abtropfen lassen. Die Kichererbsen in einem Topf mit 1 1/2 l Wasser aufkochen und bei schwacher Hitze zugedeckt etwa 1 1/2 Stunden garen. Anschließend in ein Sieb abgießen und abtropfen lassen.

2 Das Putenbrustfilet waschen, trocken tupfen und in Stücke schneiden. Zwiebeln und Knoblauch schälen und in feine Würfel schneiden. Die Paprikaschoten längs halbieren, entkernen, waschen und in mundgerechte Stücke schneiden.

3 Das Sesamöl in einem Topf erhitzen und die Zwiebeln und den Knoblauch darin andünsten. Das Fleisch und die Paprikastücke dazugeben und kurz rundum anbraten. Mit dem Rotwein und dem Essig ablöschen. Die Gemüsebrühe angießen und das Gulasch bei mittlerer Hitze 10 Minuten köcheln lassen.

4 Die passierten Tomaten und die Kichererbsen dazugeben, das Gulasch mit Salz, Pfeffer, Paprikapulver, Kümmel und Zitronenschale würzen und weitere 10 Minuten köcheln lassen. Zuletzt nach Belieben mit etwas Tomatenmark binden. Mit einem gemischten Blattsalat servieren.

Dazu passen Kartoffeln, Nudeln oder Reis.

27 g Kohlenhydrate • 39 g Eiweiß • 16 g Fett • 429 kcal / 1791 kJ

Mein Tipp

Ganz wichtig: Kichererbsen enthalten unverdauliche Giftstoffe, weshalb das Einweichwasser immer weggeschüttet und zum Kochen frisches Wasser verwendet werden soll. Die kleinen Hülsenfrüchte sind reich an Eiweiß, Ballast- und Mineralstoffen sowie an Vitaminen.

Rindereintopf mit gelben Linsen

Zutaten für 4 Personen

4 Zwiebeln

ca. 600 g Rinderfilet

Meersalz · Pfeffer aus der Mühle

1 große Aubergine

240 g gelbe Linsen

3 EL Olivenöl

1 l Gemüsebrühe

1 kg Tomaten (aus der Dose)

1/2 TL Safranfäden

1 TL gemahlener Kreuzkümmel

1/2 TL abgeriebene unbehandelte Zitronenschale

1 Die Zwiebeln schälen und in feine Würfel schneiden. Das Rinderfilet in mundgerechte Stücke schneiden und mit Salz und Pfeffer würzen. Die Aubergine putzen, waschen und in mundgerechte Würfel schneiden. Die Linsen in einem Sieb unter fließendem kaltem Wasser abspülen.

2 Das Olivenöl in einem großen Topf erhitzen und die Zwiebeln darin andünsten. Die Fleischstücke dazugeben und rundum anbraten. Dann die Linsen und die Auberginenwürfel dazugeben. Die Gemüsebrühe hinzufügen und alles etwa 10 Minuten köcheln lassen.

3 Die Dosentomaten klein schneiden und mit dem Safran und dem Kreuzkümmel dazugeben. Den Eintopf bei schwacher Hitze etwa 1 Stunde köcheln lassen. Vor dem Servieren mit Salz, Pfeffer und Zitronenschale abschmecken.

Dazu passt Baguette.

41 g Kohlenhydrate • 50 g Eiweiß • 15 g Fett • 502 kcal / 2098 kJ

Anstelle von Rinderfilet können Sie auch Rindfleisch aus der Schulter verwenden. Dann sollten Sie den Eintopf etwa 2 Stunden schmoren lassen.
Für besonders Eilige: Nehmen Sie Puten- oder Hähnchenbrustfilet – das verkürzt die Garzeit auf etwa 20 Minuten.

Mein Tipp

Gut Ding will Weile haben – dieses Sprichwort passt auch zu diesem Gericht. Aber die Zeit ist gut investiert, denn der Eintopf schmeckt hervorragend und lässt sich wunderbar portionsweise einfrieren. Und so spart man dann letztlich doch wieder Zeit.

Rinderfilet mit grünen Bohnen

Zutaten für 4 Personen

500 g Cocktailtomaten

2 Zweige Rosmarin

60 ml Olivenöl

Meersalz

2 Knoblauchzehen

750 g grüne Bohnen

1 Würzwürfel Thymian/Basilikum (aus dem Bioladen; oder je 1 TL getrockneter Thymian und getrocknetes Basilikum)

4 Rinderfilets (à 130 g)

Pfeffer aus der Mühle

Wenn Ihnen Rinderfilet zu teuer ist, können Sie auch Puten- oder Hähnchenbrustfilet nehmen. Die Bohnen schmecken noch intensiver, wenn Sie sie zusammen mit Zwiebelwürfeln und etwas Bauchspeck (ebenfalls in Würfeln) im Olivenöl andünsten.

1 Den Backofen auf 150 °C vorheizen. Die Cocktailtomaten waschen, trocken tupfen und nach Belieben halbieren. Den Rosmarin waschen und trocken schütteln, von 1 Zweig die Nadeln abzupfen. Die Tomaten mit 2 bis 3 EL Olivenöl und den Rosmarinnadeln in einer ofenfesten Form mischen und mit Salz würzen. Im Backofen auf der mittleren Schiene etwa 10 Minuten schmoren.

2 Den Knoblauch schälen und in feine Würfel schneiden. Die Bohnen putzen, waschen und in reichlich Salzwasser bissfest blanchieren. In ein Sieb abgießen und kalt abschrecken. In einem Topf 1 EL Olivenöl erhitzen und den Knoblauch darin leicht andünsten. Den Würzwürfel dazugeben, die Bohnen untermischen und mit Salz würzen.

3 Die Rinderfilets mit Salz und Pfeffer würzen. Das restliche Olivenöl in einer Pfanne erhitzen und die Rinderfilets darin mit dem restlichen Rosmarinzweig auf beiden Seiten scharf anbraten. Dann die Hitze reduzieren und die Filets etwa 4 Minuten ziehen lassen. Die Rinderfilets mit den grünen Bohnen und den geschmorten Cocktailtomaten auf Tellern anrichten. Dazu einen gemischten Blattsalat servieren.

Dazu passen Pell- oder Bratkartoffeln.

13 g Kohlenhydrate • 34 g Eiweiß • 21 g Fett • 377 kcal / 1577 kJ

Mein Tipp

Grüne Bohnen niemals (!) roh verzehren. Sie enthalten das giftige Protein Phasin, das im menschlichen Körper die roten Blutkörperchen miteinander verklebt. Durch den Garvorgang wird das Phasin zerstört und die Bohnen können ohne Bedenken gegessen werden.

Frikadellen auf klassische Art

Zutaten für 4 Personen

2 Zwiebeln

2 Knoblauchzehen

4 EL Sesamöl · 1 Bund Petersilie

500 g Rinderhackfleisch · 2 Eier

4 EL Haferflocken (oder andere Getreideflocken)

1 EL abgeriebene unbehandelte Zitronenschale

1 TL getrockneter Majoran

1 TL Paprikapulver (edelsüß)

1 EL scharfer Dijon-Senf

Meersalz · Pfeffer aus der Mühle

1 Die Zwiebeln und den Knoblauch schälen und in feine Würfel schneiden. 1 EL Sesamöl in einer Pfanne erhitzen und Zwiebeln und Knoblauch darin glasig dünsten. Abkühlen lassen.

2 Die Petersilie waschen und trocken schütteln, die Blätter abzupfen und fein hacken. Das Hackfleisch in einer Schüssel mit der Petersilie, den Eiern, den Haferflocken sowie Zwiebeln und Knoblauch mischen. Die Hackfleischmasse mit Zitronenschale, Majoran, Paprikapulver, Senf, Salz und Pfeffer kräftig würzen.

3 Aus der Masse mit angefeuchteten Händen Frikadellen formen und im restlichen Sesamöl auf beiden Seiten goldbraun braten. Herausnehmen und auf Küchenpapier abtropfen lassen. Servieren Sie dazu einen gemischten Blattsalat und einen Dip aus Joghurt und Senf.

Dazu passt Kartoffelsalat.

9 g Kohlenhydrate • 35 g Eiweiß • 27 g Fett • 412 kcal / 1722 kJ

Wissenswertes über Hackfleisch: **Beim Zerkleinern des Rindfleisches werden die Zellmembranen zerstört. Dadurch vergrößert sich die Oberfläche und Bakterien haben mehr Angriffsfläche. Daher das Hackfleisch beim Metzger immer frisch durchdrehen lassen und noch am gleichen Tag verarbeiten, ansonsten einfrieren.**

Mein Tipp

Ich bereite die Frikadellen immer gleich in größeren Mengen und unterschiedlichen Größen zu. Sie lassen sich super einfrieren und können dann aufgetaut als Suppeneinlage, zur Brotzeit oder wie oben als Hauptgericht verwendet werden.

Schweinefilet mit Ofengemüse

Zutaten für 4 Personen

Olivenöl für das Blech

500 g Schweinefilet

Meersalz · Pfeffer aus der Mühle

1–2 TL Dijon-Senf mit Estragon

2 Zucchini

1 Fenchelknolle

1 rote Paprikaschote

6 Champignons

6 kleine festkochende Kartoffeln

1 Knoblauchknolle

3 EL getrockneter Oregano

3 Zweige Rosmarin

60 ml Olivenöl

1 Den Backofen auf 160 °C Umluft vorheizen und ein Backblech mit Olivenöl einfetten. Das Schweinefleisch mit Salz und Pfeffer würzen und mit dem Senf bestreichen.

2 Die Zucchini und den Fenchel putzen und waschen. Die Paprika längs halbieren, entkernen und waschen. Die Pilze putzen und trocken abreiben. Das Gemüse in mundgerechte Stücke schneiden und mit dem Fleisch auf das Blech geben. Die Kartoffeln waschen und ungeschält vierteln. Knoblauchknolle in die einzelnen Zehen teilen und diese mit den Kartoffeln auf dem Blech verteilen.

3 Das Fleisch und das Gemüse mit Salz und Oregano würzen. Den Rosmarin waschen, trocken schütteln und ebenfalls auf dem Blech verteilen. Das Olivenöl darüberträufeln.

4 Das Fleisch und das Gemüse im Backofen auf der mittleren Schiene etwa 20 Minuten garen. Dazu einen gemischten Blattsalat servieren.

23 g Kohlenhydrate • 34 g Eiweiß • 13 g Fett • 352 kcal / 1471 kJ

Wer mehr Zeit hat, kann das Schweinefilet vorab noch kurz in der Pfanne auf beiden Seiten anbraten. Dadurch schließen sich die Poren und das Fleisch ist noch saftiger.
Anstelle von Schweinefilet können Sie auch Hähnchenbrustfilet oder Lammkoteletts verwenden.

Mein Tipp

Dieses Gericht lässt sich vielfältig variieren, indem man Gemüse je nach Saison und Fleisch nach Vorliebe verwendet. Wichtig ist nur, dass man die Gewürze und Kräuter benutzt und alles zum Schluss mit Öl beträufelt. Wer streng abnehmen will, lässt die Kartoffeln weg und nimmt mehr Gemüse.

Lammfilet mit Möhrengemüse

Zutaten für 4 Personen

1 Rezept »Möhrengemüse« (siehe S. 81)

8 kleine festkochende Kartoffeln

Meersalz

600 g Lammrückenfilet

Pfeffer aus der Mühle

1–2 TL Dijon-Senf mit Estragon

2 EL Sesamöl

2 Zweige Rosmarin

1 Das Möhrengemüse, wie auf S. 81 beschrieben, zubereiten. Die Kartoffeln waschen und in reichlich Salzwasser etwa 20 Minuten garen. Abgießen, abdampfen lassen und pellen.

2 Inzwischen das Lammfilet in 4 Stücke schneiden. Mit Salz und Pfeffer würzen und rundum mit dem Senf bestreichen. Das Sesamöl erhitzen und das Lammfleisch darin mit dem gewaschenen Rosmarin rundum scharf anbraten. Dann die Hitze reduzieren und die Filetstücke fertig garen.

3 Das Lammfilet mit dem Möhrengemüse und den Pellkartoffeln auf Tellern anrichten. Servieren Sie dazu einen Feldsalat mit der Erdnuss-Pinienkern-Vinaigrette von S. 46.

37 g Kohlenhydrate • 37 g Eiweiß • 17 g Fett • 453 kcal / 1892 kJ

Wer kein Lamm mag, kann auch Tofuwürste klein schneiden und zusammen mit dem Gemüse anbraten.

Mein Tipp

Am Lammfleisch scheiden sich die Geister: Die einen lieben es, die anderen meiden es aufgrund seines angeblichen Hammelgeschmacks. Dabei kann Lamm sehr abwechslungsreich sein, je nachdem, mit welchen Gewürzen man es kombiniert: Ich nehme gern Knoblauch, Rosmarin oder Estragon.

Desserts & Kuchen

Kann denn Naschen Sünde sein? Nein, denn Süßes muss nicht unbedingt gegen Abnehmregeln verstoßen. Der Trick: Desserts und Gebäck sollte man maßvoll genießen und mit ausgewählten Zutaten zubereiten. Wenn man Vollkornmehl, Vollrohrzucker, Reissirup und Sojasahne verwendet, kann man selbst vermeintliche Kalorienbomben wie Puddings, Kuchen und Eiscreme entschärfen. Und sobald frische Früchte ins Spiel kommen, ist eh Genuss ohne Reue garantiert!

Fruchtspieße mit Schokoladendip

Zutaten für 4 Personen

200–300 g Bitterschokolade (mind. 70 % Kakaogehalt)

2 kleine Bananen

einige Spritzer Zitronensaft

8 Erdbeeren

2 kleine Birnen

16 kernlose blaue Weintrauben

50 g grob gehackte Mandelstifte

1 Die Schokolade in Stücke brechen und in einer Metallschüssel im heißen Wasserbad unter Rühren schmelzen.

2 Die Bananen schälen, in dicke Scheiben schneiden und mit Zitronensaft beträufeln. Die Erdbeeren waschen und putzen. Die Birnen waschen, vierteln und die Kerngehäuse entfernen. Die Birnenviertel in mundgerechte Stücke schneiden. Die Trauben waschen und trocken tupfen.

3 Die Fruchtstücke abwechselnd auf Holzspieße stecken. Die Hälfte der flüssigen Schokolade mit den Mandelstiften mischen und nach Belieben in ein Schälchen füllen. Die restliche flüssige Schokolade ebenfalls nach Belieben in ein Schälchen füllen und zu den Fruchtspießen servieren. Oder die Fruchtspieße bereits mit Schokolade überzogen anrichten.

47 g Kohlenhydrate • 6 g Eiweiß • 42 g Fett • 541 kcal / 2261 kJ

Wissenswertes über Schokolade: Dass Schokolade glücklich macht, weiß inzwischen jedes Kind. Wichtig ist jedoch, dass man auch zu der richtigen Sorte greift: Schokolade mit einem hohen Gehalt an Kakao (mind. 70 %) sollten Sie der Vollmilchschokolade vorziehen, denn sie ist besonders reich an gesunden Inhaltsstoffen. Außerdem hat Bitterschokolade einen geringeren Zucker- und Fettanteil.

Mein Tipp

Es ist ein absolutes Highlight für Kinder, wenn sie ihre Fruchtspieße selbst zusammenstellen und -stecken dürfen. Aber auch die Großen freuen sich über diesen Nachtisch, der sich zudem ideal fürs Partybüfett eignet. Je nach Saison und Geschmack können Sie jedes Obst für die Spieße verwenden.

Rote Grütze mit Vanillejoghurt

Zutaten für 4 Personen

10 Blatt weiße Gelatine (Bioqualität)

1 kg gemischte Beeren (z. B. Erdbeeren, Himbeeren, Heidelbeeren, Brombeeren; frisch oder tiefgekühlt)

ca. 4 EL Reissirup

500 g fettarmer Vanillejoghurt (oder fettarmer Naturjoghurt)

1 Die Gelatine in kaltem Wasser einweichen. Die Beeren verlesen und kurz abbrausen, Erdbeeren putzen und nach Belieben halbieren oder vierteln. Tiefgekühlte Beeren auftauen lassen.

2 Die Beeren in einem Topf erwärmen (bei frischen Beeren noch 100 ml Johannisbeer- oder Kirschsaft dazugeben) und mit dem Reissirup süßen. Die Gelatine leicht ausdrücken und in den heißen Beeren unter Rühren auflösen.

3 Die Rote Grütze in Schälchen füllen und etwa 2 Stunden kühl stellen. Dann mit dem Vanillejoghurt servieren.

Dazu passt zur Abwechslung auch einmal Vanilleeis.

57 g Kohlenhydrate • 11 g Eiweiß • 3 g Fett • 295 kcal / 1233 kJ

Die Rote Grütze ist ein super Dessert, wenn Gäste kommen oder eine Party ansteht, denn sie lässt sich auch in großen Mengen zubereiten, ohne viel Arbeit zu machen. Größere Mengen Grütze brauchen 6 bis 8 Stunden, bis sie fest sind.

Mein Tipp

Während der Beerenzeit mache ich die Rote Grütze aus frischen Beeren. Wenn etwas Grütze übrig bleibt, verwende ich sie als Belag für die Philadelphiatorte von S. 133. Wunderbar schmeckt übrigens auch eine Grütze aus frischen Aprikosen und Pfirsichen oder Nektarinen.

Himbeereis mit Sahne und Quark

Zutaten für 4 Personen

300 g Himbeeren (frisch oder tiefgekühlt)

100 g Magerquark

100 g fettarmer Naturjoghurt

125 g Sojasahne

Saft von 1/2 Zitrone · 4 EL Reissirup

Dieses Rezept ist ein Grundrezept, die Mengen können Sie beliebig vervielfachen. Zum Tiefkühlen und Aufbewahren können Sie das Eis in kleine, dafür vorgesehene Eisbehälter oder in gefrierfeste Plastikschüsseln füllen.

1 Die Himbeeren verlesen, kurz abbrausen und abtropfen lassen. Tiefgekühlte Himbeeren auftauen lassen. Mit den restlichen Zutaten im Küchenmixer oder mit dem Stabmixer fein pürieren.

2 Die Himbeer-Sahne-Masse in eine (oder mehrere kleine) geeignete Form (Formen) füllen und mindestens 4 Stunden im Tiefkühlfach gefrieren lassen, dabei gelegentlich mit einer Gabel umrühren.

19 g Kohlenhydrate • 6 g Eiweiß • 6 g Fett • 151 kcal / 630 kJ

Mein Tipp

Dieses Eis erfrischt an heißen Sommertagen und macht Kinder glücklich. Es schmeckt auch als Halbgefrorenes sehr gut. Wichtig ist, dass die Masse lange geschlagen und püriert wird, dann wird sie cremiger.

Aprikoseneis mit Haselnüssen

Zutaten für 4 Personen

300 g reife Aprikosen

100 g Magerquark

100 g fettarmer Naturjoghurt

125 g Sojasahne

Saft von 1/2 Zitrone · 4 EL Reissirup

2–3 EL gehackte Haselnüsse

1 Die Aprikosen waschen, halbieren und entsteinen. Die Aprikosenhälften in kleine Stücke schneiden. Mit den restlichen Zutaten – bis auf die Nüsse – im Küchenmixer oder mit dem Stabmixer fein pürieren. Dann die Haselnüsse unter die Masse mischen.

2 Die Aprikosen-Nuss-Masse in eine (oder mehrere kleine) geeignete Form (Formen) füllen und mindestens 4 Stunden im Tiefkühlfach gefrieren lassen, dabei gelegentlich mit einer Gabel umrühren.

22 g Kohlenhydrate • 6 g Eiweiß • 10 g Fett • 195 kcal / 815 kJ

Süßer Couscous mit Rosinen

Zutaten für 4 Personen

70 g Rosinen · Zimtpulver

90 g getrocknete Aprikosen

½ l Apfelsaft

3 EL gehackte Mandeln

3 Safranfäden · ½ TL Vanillemark

gemahlene Kurkuma · Meersalz

250 g Couscous

400 g Hüttenkäse

1 Die Rosinen mit 1 Prise Zimt in ½ l Wasser etwa 10 Minuten einweichen. Die Aprikosen klein schneiden. Die Rosinen samt Einweichwasser mit dem Apfelsaft, den Aprikosen und den Mandeln in einem Topf aufkochen.

2 Den Safran, das Vanillemark sowie jeweils 1 Prise Kurkuma und Salz dazugeben. Den Couscous einrühren und bei schwacher Hitze etwa 15 Minuten quellen lassen.

3 Den Hüttenkäse unterheben und den süßen Couscous auf Schälchen verteilen. Nach Belieben mit Granatapfelkernen dekorieren.

72 g Kohlenhydrate • 22 g Eiweiß • 9 g Fett • 518 kcal / 2165 kJ

Süße Hirse mit Sauerkirschen

Zutaten für 4 Personen

½ l Kirschsaft

etwas Zitronensaft · 1 TL Vollrohrzucker (aus dem Bioladen)

2 EL Pinienkerne · 125 g Sauerkirschen (aus dem Glas)

je ½ TL gemahlener Koriander und abgeriebene unbehandelte Zitronenschale

Meersalz · 250 g Schnellkoch-Hirse

100 g Magerquark

1 Kirschsaft in einem Topf mit ½ l Wasser, dem Zitronensaft, dem Zucker, den Pinienkernen und den Kirschen aufkochen lassen.

2 Den Koriander, die Zitronenschale und 1 Prise Salz dazugeben und die Hirse einrühren. Bei schwacher Hitze etwa 15 Minuten ziehen lassen.

3 Den Quark unterheben und die süße Hirse auf Schälchen verteilen. Nach Belieben mit frischen Kirschen und Zitronenmelisse garniert servieren.

62 g Kohlenhydrate • 14 g Eiweiß • 6 g Fett • 367 kcal / 1534 kJ

Hüttenkäsepudding mit Kirschen

Zutaten für 4 Personen

6 Blatt weiße Gelatine (Bioqualität) · 600 g Hüttenkäse

3 EL gehackte Mandeln · 5 EL Reissirup · 1 Päckchen Vanillezucker

½ TL Zimtpulver · abgeriebene Schale von 1 unbehandelten Zitrone (oder Orange)

1 Glas Schattenmorellen (720 ml)

1 Die Gelatine in kaltem Wasser einweichen. Hüttenkäse mit Mandeln, Reissirup, Vanillezucker, Zimt und Zitrusschale in einem Topf erwärmen. Die Gelatine gut ausdrücken und unter Rühren in der Hüttenkäsemasse auflösen.

2 Die Schattenmorellen abtropfen lassen und unter die Hüttenkäsemasse mischen. Den Pudding in Schälchen füllen und etwa 3 Stunden kühl stellen. Nach Belieben mit geraspelter Bitterschokolade garniert servieren.

36 g Kohlenhydrate • 24 g Eiweiß • 11 g Fett • 330 kcal / 1379 kJ

Soja-Schoko-Dessert mit Zimt

Zutaten für 4 Personen

1 Vanilleschote

125 g Pfeilwurzstärke

1 l Sojamilch · 50 g Kakaopulver

3 EL Vollrohrzucker (aus dem Bioladen)

½ TL Zimtpulver

Pfeilwurzstärke ist ein vegetarisches Bindemittel, das aus den Wurzeln einer Pfeilwurzart gewonnen wird. Es ist im Bioladen erhältlich und dient als Gelatine- und Speisestärkeersatz.

1 Die Vanilleschote längs aufschneiden und das Mark mit einem spitzen Messer herauskratzen. Die Pfeilwurzstärke mit etwas kalter Sojamilch glatt rühren.

2 Die restliche Sojamilch mit Vanillemark, Kakaopulver, Zucker und Zimt in einem Topf aufkochen, die Pfeilwurzstärke unterrühren und alles bei mittlerer Hitze unter Rühren etwa 3 Minuten köcheln lassen. Dann die Hitze reduzieren und so lange weiterrühren, bis eine cremige Masse entstanden ist.

3 Das Soja-Schoko-Dessert in Schälchen oder Gläser füllen und bis zum Servieren abkühlen lassen.

14 g Kohlenhydrate • 13 g Eiweiß • 8 g Fett • 181 kcal / 757 kJ

Süßes Omelett mit Beerensauce

Zutaten für 4 Personen

10 Eiweiß · 5 Eigelb

5 EL fettarme Milch

2 EL Reissirup

3 EL gehackte Mandeln · Meersalz

2 EL Kokosfett (oder Butter)

200 g Erbeeren (oder Himbeeren)

1 Die Eiweiße und die Eigelbe mit der Milch, dem Reissirup, den Mandeln und 1 Prise Salz verrühren. Das Kokosfett in einer Pfanne erhitzen. Die Omelettmasse vorsichtig in die Pfanne gießen und auf beiden Seiten etwa 3 Minuten goldbraun backen.

2 Die Erdbeeren waschen, putzen und grob zerkleinern. Mit dem Stabmixer pürieren und nach Belieben mit Honig oder Reissirup süßen. Das Omelett vierteln und mit der Erdbeersauce servieren.

10 g Kohlenhydrate • 17 g Eiweiß • 17 g Fett • 258 kcal / 1078 kJ

Pfannkuchen mit Hüttenkäse

Zutaten für 4 Personen

8 Eier

120 g Vollkornmehl

ca. 400 ml Milch (oder Reismilch)

Meersalz

2 EL Sesamöl

200 g Hüttenkäse

4 EL Beerenmarmelade (oder 200 g Beeren nach Wahl)

1 Die Eier mit dem Mehl in einer Schüssel verquirlen. Die Milch nach und nach unterrühren, bis ein dünnflüssiger Teig entstanden ist. Mit 1 Prise Salz würzen.

2 Das Sesamöl portionsweise in einer Pfanne erhitzen und aus dem Teig nacheinander 4 Pfannkuchen backen.

3 Die Pfannkuchen mit dem Hüttenkäse bestreichen und die Marmelade darauf verteilen. Die Pfannkuchen aufrollen und nach Belieben mit Puderzucker bestäuben.

40 g Kohlenhydrate • 29 g Eiweiß • 23 g Fett • 478 kcal / 1998 kJ

Gugelhupf der Extraklasse

Zutaten für 1 großen oder 6 kleine Kuchen

Fett und Weißbrotbrösel für die Form

250 g Dinkelmehl (Type 630)

1 Päckchen Backpulver

1–2 EL Kakaopulver

200 g Kokosfett (oder Butter)

230 ml Reissirup

4 Eier

100 ml Rotwein

150 g Schokoraspel

150 g Mandelstifte (oder gehackte Mandeln)

200 g Zartbitterkuvertüre

Der Kuchen gelingt am besten, wenn alle Zutaten Zimmertemperatur haben.
Mit der Stäbchenprobe kann man schnell überprüfen, ob der Kuchen fertig gebacken ist. Dafür mit einem Holz- oder Metallstäbchen in den Kuchen stechen – wenn beim Herausziehen kein Teig mehr daran haftet, ist er durchgebacken.

1 Den Backofen auf 170 °C Umluft vorheizen. Eine Gugelhupfform (oder 6 kleine Gugelhupfformen à 12 cm Durchmesser) einfetten und mit den Bröseln ausstreuen.

2 Das Mehl mit dem Back- und dem Kakaopulver mischen und in eine Schüssel sieben.

3 Das Kokosfett, den Reissirup und die Eier dazugeben und alles mit den Quirlen des Handrührgeräts verrühren. Nach und nach den Rotwein untermischen.

4 Zuletzt die Schokoraspel und die Mandelstifte unterrühren. Den Teig in die Form (oder die Formen) füllen und im Backofen auf der untersten Schiene 50 bis 60 Minuten (kleinere Kuchen nur 20 bis 25 Minuten) backen.

5 Den (die) Kuchen aus dem Ofen nehmen, etwas abkühlen lassen, aus der Form stürzen und vollständig auskühlen lassen. Die Kuvertüre grob hacken und in einer Metallschüssel im heißen Wasserbad unter Rühren schmelzen. Den Gugelhupf (die Gugelhupfe) mit der Kuvertüre überziehen und trocknen lassen.

26 g Kohlenhydrate • 7 g Eiweiß • 27 g Fett • 373 kcal / 1559 kJ (bei 16 Portionen)

Mein Tipp

Dieses Rezept hat mir mein Mann geschenkt, indem er den Kuchen gebacken und das Rezept als Papierrolle in die Mitte gesteckt hat. Das ist der beste Gugelhupf für mich! Meine Tochter kann ihn auch schon und gibt ihn mir mit, wenn ich länger unterwegs bin. Ein Stückchen Heimat in der Ferne!

Käsekuchen de luxe

Zutaten für 1 Kuchen
mit 26 cm Durchmesser

Für den Teig:

150 g Vollkornmehl

80 g Vollrohrzucker (aus dem Bioladen)

1 Eigelb

1 EL Rum · 3 EL Kokosfett

1 TL abgeriebene unbehandelte Zitronenschale

Für den Belag:

500 g Magerquark · etwas fettarme Milch (oder Soja- oder Reismilch)

1/2 Packung Vanillepuddingpulver

1 Eiweiß · 1 Ei · 1 EL Kokosfett

Mark von 1 Vanilleschote

1 TL abgeriebene unbehandelte Zitronenschale

Außerdem:

Fett für die Form

1 Für den Teig das Mehl auf die Arbeitsfläche häufen und eine Mulde hineindrücken. Den Zucker auf dem Rand verteilen, das Eigelb, den Rum, das Kokosfett und die Zitronenschale in die Mulde geben. Alles mit den Händen zu einem Teig verkneten.

2 Eine Springform einfetten, den Teig darin mit den Händen verteilen und leicht andrücken. Den Backofen auf 170 °C vorheizen.

3 Für den Belag den Quark in einer Schüssel mit der Milch, dem Vanillepuddingpulver, dem Eiweiß, dem Ei und dem Kokosfett verrühren. Das Vanillemark und die Zitronenschale dazugeben.

4 Die Quarkmasse auf dem Teig verteilen und den Käsekuchen im Backofen auf der mittleren Schiene etwa 1 Stunde backen. Etwas abkühlen lassen und aus der Form lösen. Nach Belieben mit Puderzucker bestäubt servieren.

19 g Kohlenhydrate • 9 g Eiweiß • 5 g Fett • 158 kcal / 660 kJ (bei 12 Portionen)

Mein Tipp

Aus diesem Käsekuchen mache ich oft auch einen Käse-Apfel-Kuchen: Einfach 2 klein geschnittene Äpfel unter die Quarkmasse mischen. Schmeckt auch mit Schattenmorellen, Mandarinen aus dem Glas oder Birnenstücken. Wenn ich keinen Quark zur Hand habe, nehme ich einfach Hüttenkäse.

Mandelkuchen mit Rum

Zutaten für 1 Kuchen
mit 26 cm Durchmesser

Fett für die Form

5 Eier · 80 g Vollrohrzucker (aus dem Bioladen)

80 g Kokosfett (oder Butter)

200 g geriebene Mandeln (oder Haselnüsse)

100 g Schokostreusel · 1 EL Rum

1 Päckchen Vanillezucker

1 Den Backofen auf 180 °C vorheizen. Eine Springform einfetten. Die Eier trennen. Die Eiweiße in einer Schüssel steif schlagen. In einer zweiten Schüssel den Zucker mit dem Kokosfett, den Eigelben, den Mandeln, den Schokostreuseln, dem Rum und dem Vanillezucker zu einer cremigen Masse verrühren. Den Eischnee nach und nach unterheben.

2 Teig in die Form füllen und im Ofen auf der mittleren Schiene 40 bis 50 Minuten backen. Nach Belieben mit Schokolade überziehen, mit Vanillejoghurt bestreichen und mit Himbeeren garnieren. Oder mit geschlagener Sahne und Eierlikör verzieren.

8 g Kohlenhydrate • 7 g Eiweiß • 21 g Fett • 266 kcal / 1112 kJ (bei 12 Portionen)

Philadelphiatorte – ohne Boden

Zutaten für 1 Kuchen
mit 26 cm Durchmesser

400 g fettarmer Frischkäse (z. B. Philadelphia)

500 g Magerquark · 250 g Sojajoghurt mit Vanillegeschmack (oder fettarmer Vanillejoghurt)

5 EL Reissirup · 1 Päckchen Götterspeise mit Zitronengeschmack (aus dem Bioladen)

300 g tiefgekühlte Himbeeren

1 Den Frischkäse mit dem Quark, dem Joghurt und dem Reissirup verrühren. Die Götterspeise nach Packungsanweisung zubereiten und unter die Frischkäsemasse mischen.

2 Die Masse in eine Springform füllen und glatt streichen. (Wer einen Boden möchte, kann den Mandelkuchen nehmen oder 200 g Löffelbiskuits oder Vollkornkekse zerbröseln.)

3 Die Himbeeren auf der Masse verteilen und den Kuchen im Kühlschrank mindestens 4 Stunden fest werden lassen.

10 g Kohlenhydrate • 11 g Eiweiß • 2 g Fett • 104 kcal / 437 kJ (bei 12 Portionen)

Register

Bildnachweis

Porträtfotos: Dr. Kai-Uwe Nielsen
Innenteil:
S. 13: StockFood/A. Plewinski
S. 14: StockFood/Foodcollection
S. 15 oben: StockFood/Foodcollection
S. 15 unten: StockFood/FoodPhotography Eising
S. 15 links: StockFood/M. Brauner
S. 15 rechts: StockFood/K. Arras